AF343083

HENRI CHARDON

L'ORGANISATION D'UNE DÉMOCRATIE

LES

DEUX FORCES

LE NOMBRE — L'ÉLITE

Prix : 3 fr.   *Librairie académique PERRIN et Cie*

L'ORGANISATION D'UNE DÉMOCRATIE

LES DEUX FORCES

LE NOMBRE — L'ÉLITE

DU MÊME AUTEUR

Les Travaux Publics. Essai sur le fonctionnement de nos administrations. Un vol. in-16. Paris, 1904 (Perrin, éditeur).

L'Administration de la France. *Les fonctionnaires.* Les fonctionnaires de gouvernement. Le ministère de la Justice. Un vol. in-8° écu. Paris, 1908 (Perrin, éditeur).

Souvenirs de 1900. Un vol in-16. Paris, 1910 (Perrin, éditeur).

Le Pouvoir administratif. Un vol in-16. Paris, 1911 (Perrin, éditeur).

La République victorieuse. Les origines de la guerre. Aux champs de Seine-et-Marne. La Sainte Alliance des peuples. L'organisation de la République. Un vol. in-16. Paris, 1916. (Plon-Nourrit et Cⁱᵉ, éditeurs).

Études sur l'organisation de la République nouvelle. L'organisation de la police. Un vol. in-16. Paris, 1917 (Bossard, éditeur).

E. GREVIN — IMPRIMERIE DE LAGNY

HENRI CHARDON

L'ORGANISATION D'UNE DÉMOCRATIE

LES

DEUX FORCES

LE NOMBRE — L'ÉLITE

PARIS

LIBRAIRIE ACADÉMIQUE

PERRIN ET Cie, LIBRAIRES-ÉDITEURS

35, QUAI DES GRANDS-AUGUSTINS, 35

1921

Des lecteurs bienveillants me demandent de résumer en quelques pages les études que j'ai publiées de 1904 à 1911 sur l'organisation de la République.

Alors, je trouvai plus d'encouragements à l'étranger qu'en France. C'était le temps où un grand juriste définissait l'Etat :

« Une société qui a engendré en elle-même une chose publique et qui s'y conforme par la souveraineté. »

C'était le temps où les savants écrivaient :

« Les organes directs secondaires de l'État sont ceux qui sont, à l'égard d'autres organes, en un rapport d'organe, si bien qu'ils représentent cet organe directement. »

C'était le temps où la métaphysique d'Allemagne opprimait les meilleurs esprits de France.

C'était le temps où les bourgeois de Paris auraient rougi de ne pas confier leurs filles à une fraulein et s'indignaient quand on demandait la moindre coupure à la Tétralogie.

Qui eût approuvé des livres sans notes, sans références, qu'on pouvait lire comme un journal de France !

Lecteurs indulgents, j'ai fait le résumé que vous me demandiez ; mais je ne l'ai pas fait pour vous seuls : je l'ai fait pour quelqu'un qui ne le lira jamais.

O mon fils chéri, ce sont, autant que les miennes, tes idées sur cette démocratie que tu voulais si ordonnée et si généreuse.

Dans nos chères causeries à travers les campagnes de France, ton esprit libre et puissant précédait le mien ; tu reprenais mes réflexions au point où je les avait laissées et les poussais plus loin ; avec quel tendre respect tu me faisais signe, quand tu apercevais que je retournais vers les chemins du passé.

Je croyais que nous glissions vers l'abîme ; je ne savais pas que je paierais nos fautes du sang qui faisait ta peau vermeille comme un épi de blé.

Tes yeux myopes voyaient bien au delà de nos vies ; toi qui savais si complètement toute l'histoire et la géographie de la terre, comme tu regardais hardiment l'avenir !

Te sentant marqué par le destin, indifférent et stoïque, tu mesurais les siècles. Tu m'écrivais en 1918 :

« Nous ne sommes qu'au début de la civilisation. Que sont les siècles des hommes auprès des époques de la terre ?

« Trente hommes n'ayant vécu chacun que cinquante ans, mis bout à bout, nous ramènent à Clovis et quarante au Nazaréen.

« Les guerres de Louis XIV, les guerres de

Napoléon, la guerre de 1914, trois actes d'une même pièce.

« Les hommes futurs ne verront pas tant de distance entre les guerres de Rome et les convulsions actuelles de l'Europe. Mommsen, en écrivant l'histoire de Rome, n'a-t-il pas ouvertement écrit la préface et le modèle de l'histoire d'Allemagne? »

J'écoutais ta jeune sagesse et notre amitié divine montait, au-dessus des temps, vers le ciel de France.

Comme le feu du soir, dans les champs, la douleur a brûlé en moi toutes les herbes folles de la journée qui va finir : rien ne survit plus que ton souvenir sacré.

Maintenant, ô mon fils mort, tu marches encore devant moi.

Tu ne combattais pas pour la domination de la France ; car tu méprisais tous les impérialismes.

Tu es mort, ô stoïcien, pour la grande paix des hommes, pour une humanité meilleure où les États-Unis d'Europe, appuyés sur les États-Unis d'Amérique, hâteront la civilisation de la terre ; où, dans la France heureuse, l'amitié des pères et des fils ne sera plus brisée par la guerre.

Qu'il soit un vestige de notre amitié divine, le résumé de nos réflexions sur cette République pour laquelle moi, j'avais essayé de vivre et toi, tu es tombé, le 22 août 1918, dans les champs dévastés de Beuvraignes.

LES DEUX FORCES

LE NOMBRE — L'ÉLITE

I

LA FORCE POLITIQUE
ET LA FORCE ADMINISTRATIVE

Une démocratie ne peut vivre et se développer
qu'avec deux organes aussi essentiels l'un que
l'autre : le pouvoir politique; le pouvoir administratif.

Le pouvoir politique, basé sur la volonté du plus
grand nombre et réalisé par les procédés toujours
forcément empiriques de l'élection, assure le contrôle souverain du peuple sur toutes les affaires
publiques.

Le pouvoir administratif, basé sur la compétence,
le dévouement, l'honnêteté et réalisé par les procédés rationnels de la sélection, peut seul assurer le
progrès et la grandeur de la nation.

Comme la culture du corps humain, la culture

d'une race est affaire de volonté, de méthode et de proportion.

Les mœurs et le succès d'une nation dépendent de l'action constante d'un pouvoir supérieur, énergique et réfléchi.

Pour mettre en mouvement les masses, pour leur rappeler le but, les aider à l'atteindre, les guérir de leurs découragements, les arrêter dans leurs soubresauts mortels, les protéger contre l'anarchie, il faut des volontés supérieures, tenaces, permanentes, vigoureuses, éclairées, désintéressées.

Ces cervelles directrices, ces chefs d'action de la vie sociale, l'élection ne peut pas les engendrer : elle n'est pas faite pour cela.

Généralement ardents, intelligents, rusés et même soucieux du bien public, mais changeants, mobiles, incertains du lendemain, ballottés dans les luttes politiques, les élus ne peuvent pas être des administrateurs de la nation.

Sans doute un parlementaire peut se révéler en fait un bon administateur; ce n'est qu'une aventure heureuse : ce n'est pas une Constitution.

Toutes les expériences que nous avons faites depuis cinquante ans et celles qui se poursuivent encore sous nos yeux nous obligent à reconnaître que si nous voulons que la nation soit grande et forte, l'administration doit vivre d'une vie propre en dehors de la politique.

Dans une démocratie, un pouvoir administratif basé sur la compétence, l'honnêteté absolue et le dévouement, c'est-à-dire sur la sélection des meilleurs, doit exister nécessairement à côté du pouvoir politique basé sur l'élection; l'administratif étant subordonné au contrôle du politique, mais vivant néanmoins et agissant en dehors du politique, de telle façon que, pour chaque affaire, les citoyens puissent porter aisément un jugement sur le rôle des politiques et sur le rôle des administrateurs.

Plus s'étend l'action collective de la nation, plus la force administrative doit être accrue. Une démocratie est une armée en marche vers l'avenir ; elle a besoin de cadres solides ; elle ne peut les trouver que dans une administration permanente et puissante, recrutée et formée avec un soin extrême.

Dans l'accroissement prodigieux de la puissance allemande, la volonté d'une administration énergique, méthodique et persévérante avait été pour beaucoup ; de même que l'absence à peu près totale de force administrative organisée avait été pour beaucoup dans la stagnation de la France.

Le contrôle de l'élu, quel qu'il soit, peut être le salut ; à une condition, toutefois, c'est que l'administrateur garde en principe l'action.

Le contrôle et l'action. — Contrôle et action, voilà les deux termes ; une démocratie doit les séparer soigneusement : l'action aux administrateurs, le contrôle aux élus ; l'action d'une élite contrôlée et redressée au besoin par le nombre, mais l'action appartenant en principe à cette élite. La coexistence et la coordination de ces deux pouvoirs, le politique et l'administratif, constituent la forme supérieure du gouvernement d'une nation. L'un est aussi nécessaire que l'autre ; l'un par l'autre ils se complètent et se corrigent.

Dans un système bien construit, les vices des politiques et ceux des administrateurs se neutralisent : le contrôle souverain du Parlement développe la vertu et l'efficacité de l'administration ; la force de l'administration limite les inconvénients des élections.

Sans pouvoir politique élu, pas de République ; mais sans forte administration, plus de nation, rien qu'un ramassis d'individus livrés à tous les hasards de l'extérieur et de l'intérieur.

Electeurs et élus, prenons-en donc notre parti : par l'origine et le principe de l'institution, par l'essence même de l'élection, un corps politique élu n'est et ne peut être qu'un corps chargé du contrôle des affaires publiques ; ce n'est pas un corps d'administrateurs.

En élisant comme députés ou sénateurs des médecins, des instituteurs, des négociants, des hommes de loi, des travailleurs ou des rentiers, la nation choisit des contrôleurs ; elle ne désigne pas des administrateurs.

Le citoyen qui élit un représentant ne doit pas se dire :

« En nommant ce médecin, cet avocat, ce commerçant, ce cultivateur, je nomme quelqu'un à qui je confère, par mon bulletin, tout d'un coup, toutes les compétences, qui va devenir demain et souvent à son choix, ambassadeur, général, ingénieur, administrateur de la marine marchande, des ports, des chemins de fer, des beaux-arts, gouverneur ou amiral. »

L'électeur doit se dire simplement :

« Je choisis un homme en qui j'ai confiance, pour surveiller la façon dont les ambassadeurs, les ingénieurs, les amiraux, les administrateurs de la marine, les gouverneurs et les généraux mènent mes affaires ; je lui donne pouvoir, en mon nom, de les réprimander, au besoin de les révoquer s'ils ne font pas bien leur besogne ; je le nomme pour apprécier leur gestion, non pour les remplacer ; je ne peux pas juger si ce député a les qualités nécessaires pour bien administrer. Si, par aventure, quelque haut fonctionnaire s'offre à mes suffrages, je ne suis pas plus avancé : je n'ai aucun moyen sérieux de vérifier comment ce fonctionnaire a rempli sa fonction. Peut-être ne se jette-t-il dans la politique que parce qu'il a raté sa carrière ou parce qu'il veut s'installer dans un poste d'où il puisse défendre, contre des critiques justifiées, sa gestion passée. »

Le contrôle souverain du pouvoir politique est réalisé par les ministres. Ceux-ci sont les yeux de la nation sur les services publics : ils sont ses délégués à la tête des services publics. C'est donc la politique qui doit nous fournir les ministres ; ils doivent être pris parmi les élus de la nation.

Mais tirés du Parlement, représentant ses pouvoirs vis-à-vis de la force administrative, les ministres ne peuvent pas avoir d'autres attributions que lui ; ils sont propres à contrôler les services publics, non à les gérer. Cette besogne de gestion et d'administration ne peut être faite dans de bonnes conditions que par des fonctionnaires permanents, indépendants des fluctuations de la politique, entièrement et constamment responsables de la façon dont ils ont géré les services publics devant le Parlement et les ministres qui appliquent les pouvoirs du Parlement.

Le représentant de la nation, le ministre, doit pouvoir toujours, en toute affaire et sous sa responsabilité, imposer sa volonté ; il contrôle souverainement, au nom de la nation, l'ensemble des services publics placés sous son autorité ; il assure la liaison et la coordination entre ces différents services. Si le ministre ne conservait pas ce pouvoir, la nation perdrait la maîtrise de ses services publics ; nous serions livrés à des oligarchies de fonctionnaires ; nous ne serions plus en République. Mais le ministre ne doit imposer sa volonté qu'exceptionnellement et en dessaisissant expressément, dans chaque cas, l'administrateur compétent qui, sans cela, reste seul responsable.

Ainsi, chacun prendrait sa responsabilité et nous saurions à quoi nous en tenir sur le rôle respectif de chacun dans la gestion du service public.

Ce ne sont pas les ministres qui doivent être responsables de la gestion des services publics devant le Parlement ; ce sont les fonctionnaires permanents qui doivent être responsables devant les ministres de la gestion de ces services et les ministres ne peuvent être responsables que du contrôle qu'ils exercent sur les fonctionnaires permanents.

Un de nos hommes d'État a dit : « N'importe qui peut être ministre de n'importe quoi ». Nous le voyons quelquefois et cela n'a pas une grande importance si, au-dessous du ministre, une troupe organisée de fonctionnaires, conscients du but à atteindre, travaille obstinément et utilement vers ce but.

Mais le ministre, fût-il l'homme le plus remarquable du monde, n'est qu'une mouche dans de la glu, s'il n'a, au-dessous de lui, qu'une poussière inorganique de fonctionnaires.

Les Français verront plus clair dans leurs affaires quand ils commenceront à comprendre qu'il est plus important pour eux de savoir qui est directeur de la police, de l'hygiène, des chemins de fer ou des ports, comment ces directeurs ont été formés et choisis, quels sont leurs programmes, leurs vues d'avenir, leur valeur intellectuelle et morale, que de savoir qui est ministre de la Justice, de l'Intérieur ou des Travaux publics.

Cette force administrative permanente n'est pas moins nécessaire dans les relations entre nations que pour la vie intérieure de chaque nation : elle seule et non l'éternelle mouvance de la politique peut donner aux autres nations le sentiment de la sécurité et de la solidité des relations internationales. Les rapports des peuples ne peuvent pas dépendre des improvisations des élus et des joutes internationales des hommes politiques; l'élection ne doit pas malaxer indéfiniment ces rapports, au gré de ses hasards, de ses passions et de ses injustices.

Ces réflexions heurtent la notion de souveraineté dans laquelle ont communié tous les régimes : souveraineté de droit divin du roi; souveraineté du génie impérial; souveraineté jacobine du peuple.

Ne voyons-nous pas que la souveraineté du peuple rejoint dans l'histoire la souveraineté du droit divin et celle du génie impérial.

Les urnes électorales ne distillent pas du saint chrême.

Laissons également au passé ce mot « pouvoirs » dans lequel on croit toujours entendre l'écho d'investitures divines ou quasi divines?

Il n'y a pas une âme mystérieuse des nations qui serait l'Etat; il n'y a que des combinaisons de fonctions et de forces qui font vivre et prospérer une nation comme elles font vivre le corps humain. Quand l'équilibre cesse, la nation, comme le corps, retourne à la pourriture et Rousseau, au moment même où il écrivait le « Contrat social », l'apercevait déjà.

Cet équilibre de la force politique et de la force administrative, du contrôle et de l'action, du nombre et de l'élite, la France ne l'a pas cherché sérieusement depuis cinquante ans. Elle a vécu au jour le jour de luttes politiques et d'intérêts privés : elle a failli en périr.

La tâche essentielle aujourd'hui, car l'action passe avant le contrôle, est d'organiser rationnellement et démocratiquement cette force administrative permanente et désintéressée, cette sélection des plus aptes à diriger le peuple que l'élection ne peut pas donner, quels que soient ses procédés, la culture de la masse et le mérite des élus, précisément parce qu'elle est l'élection, le choix mouvant et passionné du nombre.

La superstition du ministre, génie-sauveur. — Commençons donc par détruire dans tous les cerveaux la superstition du ministre, génie-sauveur.

Elle est générale; beaucoup de Français croient que les choses ne marchent pas mieux parce que les ministres ne sont pas à la hauteur de leur tâche. Injustice; presque tous les ministres sont des hommes remarquables; tous font tout ce qu'ils peuvent; cependant l'un remplace l'autre sans qu'on voie grand changement et toutes ces bonnes volontés, a dit l'un d'eux, sont interchangeables.

Jacques Bonhomme qui, pour réparer sa serrure, n'appellerait pas un autre que le serrurier dont il a expérimenté l'adresse, est convaincu qu'en poussant un nouvel inconnu au pouvoir il va sauver enfin la chose publique.

La moindre apparence de compétence le satisfait : Un capitaine qui aurait été retraité comme commandant, un ingénieur à qui ses pairs ne confieraient pas volontiers un service important, un professeur qui ne dépasserait pas le lycée de province, se dégoûtent de leurs fonctions, courtisent et séduisent l'électeur; ils sont oints. S'ils manœuvrent à travers les groupes et à la Présidence, aussi bien que dans leur circonscription, les voici en passe de devenir promptement chefs suprêmes du service où ils tenaient un rôle si modeste : ils ont une certaine compétence, les voici, demain, ministres des Travaux Publics, de la Guerre ou de l'Instruction publique.

Jacques Bonhomme est content : il a joué un tour aux intellectuels qui se rengorgeaient; que prouvaient leurs titres et leurs diplômes! Il le leur montre en leur donnant subitement comme maître celui qu'ils jugeaient si médiocre; il achèvera de le leur montrer dans quelques mois en renvoyant brusquement le personnage au moment où celui-ci tâchait de se hausser à ses nouvelles fonctions et où les dignitaires du service commençaient à découvrir chez le nouveau ministre des qualités qu'ils n'avaient jamais soupçonnées.

C'est grave, si nous voulons faire du personnage

l'administrateur suprême, le véritable chef des services publics placés sous ses ordres et comme un douzième d'Empereur. Ce n'est plus dangereux s'il n'est qu'un contrôleur général ; car, pour ce contrôle, activité et bon sens suffisent ; rien de plus, rien de moins.

Mais vous allez faire du ministre un personnage secondaire ! Oui, par rapport à l'homme Napoléon qui voit tout, qui sait tout, qui fait tout : le Code civil, Austerlitz, la loi sur les mines et le décret sur la Comédie française, mais qui conduit en définitive son peuple aux charniers de la Moskowa, à Leipzig et à Waterloo ; secondaire, à la manière de Louis XIV, avec lequel Colbert, Louvois, Vauban, Mansart, Le Nôtre et quelques autres, ayant suffisante liberté d'agir, s'entendirent pour faire à eux tous, sous un homme bien intentionné mais qui, assurément, avait peu de génie, la grandeur du siècle de Louis XIV.

En faisant du ministre un contrôleur général, nous réduirons les pouvoirs quasi impériaux que beaucoup lui attribuent encore : mais nous les réduirons aux limites des forces humaines.

C'est écraser sûrement un homme que le charger d'un fardeau qu'il ne peut porter ; il y a impossibilité presque physique pour les ministres d'exercer les fonctions que nous imaginons devoir être les leurs.

Dans ma jeunesse, quand j'allais au Conseil d'État, en traversant la cour de l'Institut, je voyais souvent le jeudi, devant le Pont des Arts, un athlète en maillot rose avec un petit caleçon de panthère ; il jonglait avec des poids énormes ; un jour, pendant qu'il se reposait, je poussai facilement les poids ;

ils étaient creux. La semaine suivante, l'athlète me jeta un regard de défi; je ne pus remuer les poids; s'arcboutant de tous ses muscles, l'athlète les leva pourtant; mais il pâlit; il s'était déchiré le ventre; je ne l'ai plus revu.

Le peuple aime ces jeux de cirque, ces boxes, ces pantalonnades et tous ces tours à se casser les reins; pendant qu'il guette l'accident, quelque tire-laine coupe les bourses et file; l'équilibriste fourbu demeure pantois, quand les badauds l'injurient et l'accusent de les avoir distraits; n'a-t-il pas fait l'impossible et bien au-delà des forces naturelles?

La vie que nous faisons aux ministres est odieuse et souvent ridicule; elle use son homme physiquement et intellectuellement en quelques mois. Comme les presti ligitateurs, ils sont tenus de parler avant d'agir, pendant qu'ils agissent, après avoir agi :

Les ministres constatent à chaque heure du jour l'effroyable disproportion entre leur imaginaire pouvoir et les possibilités de leur action. Leur signature quotidienne en est la marque certaine : ils signent à tour de bras, chaque soir, des tas de papiers qu'ils ignorent et dont personne ne peut leur demander sérieusement de prendre la responsabilité.

N'importe, ils se cramponnent à ces périlleuses fictions; ils veulent être seuls et perpétuellement en scène.

Ils se croient tenus de jouer les demi-dieux; si lés thuriféraires les encensent mollement, ce n'est pas par vanité, c'est par conscience professionnelle qu'ils prennent eux-mêmes l'encensoir et se le balancent sous le nez, comme le prêtre à l'offertoire.

Voulant toujours paraître les initiateurs et les animateurs de tout, ils sautent sur chaque idée qu'ils jugent ingénieuse, comme la grenouille sur le rouge ; ils sautent et font sauter la France avec eux.

Comment leur faire comprendre que, quel que soit leur génie, par l'élection même, ils sont rendus impropres, irrémédiablement impropres aux besognes permanentes d'administration et de direction qu'ils veulent faire toute la journée. Contrôleurs souverains, oui ; administrateurs, non ; ce n'est plus leur affaire.

De ce point de vue, les inconvénients des oscillations perpétuelles de la politique s'atténuent singulièrement. On se plaint de la mobilité des politiques et des ministres ; cinquante ministres en cinquante ans, comment les affaires publiques seraient-elles bien gérées !

Assurément c'est de la folie, si les ministres sont des administrateurs ; cela n'a plus grand inconvénient si les ministres ne sont que des contrôleurs. La mobilité et le renouvellement fréquent du contrôle peuvent devenir au contraire des raisons d'activité pour l'administration.

Mais il y a contradiction entre l'élection et les longs desseins nécessaires pour poursuivre et assurer le bien public ; le politique ne subsiste que s'il est élu ; il tire de l'élection toute sa raison d'être : sa carrière personnelle domine sa vie et inspire fatalement sa conduite ; dans les heures les plus tragiques, il mesure les succès de la nation d'après ses succès personnels, quelquefois même d'après le plus vain de tous, le succès de ses phrases.

La masse fût-elle beaucoup plus cultivée, les procédés d'élection plus rationnels et plus perfectionnés, jamais l'élection ne fournira ceux qui ont la mission de conduire le peuple vers une destinée meilleure ; l'élection peut et doit seulement fournir un moyen de contrôler, de juger et de rectifier au besoin l'action des conducteurs du peuple.

Le système actuel ne nous donne à peu près rien : ni contrôle sérieux, ni action utile. Les contrôleurs affolés d'impérialisme se croient devenus les souverains maîtres de tout et voulant paraître tout régler, n'osent plus demander de comptes à personne ; les administrateurs, recrutés souvent au petit bonheur, tenant toute leur situation du choix des élus, glissent comme des anguilles à travers la vase des partis politiques et, n'étant responsables de rien, font une carrière d'autant plus sûre qu'ils s'en tiennent strictement au rôle de factotum.

Nécessité de la force administrative aussi bien pour les affaires extérieures que pour les intérieures. — C'est aussi vrai pour les affaires extérieures que pour les intérieures.

Comme les intérieures, les affaires extérieures exigent la permanence, la compétence, les vues d'avenir, le sang-froid, l'honorabilité absolue, le dévouement désintéressé.

Ne sentons-nous pas présentement l'extrême gravité de confier les arrangements les plus difficiles entre nations à des élus qui sont tiraillés en tous sens par l'élection d'hier et celle de demain, qui n'ont fait aucune étude spéciale, qui ne savent pas toujours l'histoire et même la géographie ?

Dans la vie extérieure, comme dans la vie intérieure des peuples, il faut proportionner l'effort aux possibilités. Mesurer son rêve à sa force, c'est toute la sagesse humaine : autrement, ce ne sont que combats de coqs, dont le vainqueur va crever dans un coin, avec la consolation de savoir que le manager aura son nom le lendemain à la quatrième page des feuilles locales.

La constitution, par la sélection des meilleurs, dans toutes les nations d'Europe, d'une élite permanente de dirigeants, fera plus pour les Etats unis d'Europe, que tous les Congrès.

L'équivalence de l'autorité, des situations et des services pour les maîtres des postes, les Directeurs généraux de l'hygiène, des chemins de fer, de l'instruction ou de la police lieront plus utilement les peuples que les tournois des politiciens.

Des chefs de service ayant la même vocation, animés de la même émulation, s'inspirant réciproquement de leurs expériences, s'appuyant les uns sur les autres pour perfectionner, chacun dans son pays, la partie du service public qui lui est confiée, travailleront plus efficacement à la Société des Nations que les entretiens sublimes et intermittents d'élus qui aujourd'hui sont tout et demain rien, par un caprice du nombre.

Les deux forces dans une démocratie et les trois pouvoirs de Montesquieu. — Jacques Bonhomme poursuit son rêve confus et tenace : mettre partout, des hommes qui seront ses créatures et, par eux, tenir tout à sa guise.

Pour la bonne conduite de ses affaires, Jacques Bonhomme a besoin de chefs et non de domestiques; il ne donne pas la compétence à son médecin, à

son couvreur ou à son notaire par une élection ;
comment, par une élection, la donnerait-il pour la
chose la plus compliquée qui soit au monde, la
gestion habile des affaires d'une grande nation.

Il croit que la politique doit être menée exclusivement et souverainement par des politiciens. Voilà
son erreur : la politique intérieure et extérieure,
celle de tous les services publics, doit être contrôlée
par les politiciens ; mais elle doit être élaborée et
dirigée, sous le contrôle des politiciens, élus du
nombre, par une élite permanente qui seule, en
toute matière, peut, après avoir acquis et prouvé sa
compétence, suivre, avec un désintéressement et un
dévouement absolus, les longs desseins nécessaires
à la grandeur de la nation.

La France a cru qu'elle avait tout fait parce qu'elle
s'était donné un parlement, que tout allait sortir de
ce parlement, dont elle n'avait même pas examiné
sérieusement l'organisation et le fonctionnement.
Elle a cru qu'elle pouvait faire la République avec
l'esprit, les institutions et les théories du passé et
qu'il suffisait de mettre deux lettres nouvelles sur
les papiers officiels. La France s'est trompée : un
parlement ne suffit pas à faire la République.

L'exagération de la politique ronge la France
comme un cancer ; la prolifération des cellules inutiles et malsaines étouffe et dévore la vie de la
nation.

Le chapitre vi du livre XI de l'*Esprit des Lois*
a proclamé la trinité des pouvoirs : le temps a
brouillé ces délimitations.

Préoccupé de rogner l'autorité absolue du roi,

Montesquieu imaginait un pouvoir judiciaire, hommage aux parlements de l'ancienne monarchie; pour nous, le pouvoir judiciaire n'est que l'exécution d'un service public.

La distinction entre le pouvoir exécutif et le pouvoir législatif s'accordait avec une certaine monarchie tempérée que Montesquieu concevait. Elle heurte à tout instant le fonctionnement normal du régime parlementaire tel que nous l'avons conçu : l'administration promulge des règlements qui sont des lois; et comment le pouvoir exécutif du ministre, qui n'est ministre généralement que parce qu'il est parlementaire et qui dépend à toute minute du parlement, peut-il se distinguer du pouvoir législatif?

Les ministres ont beau crier aux interpellateurs : « Ne confondez pas les pouvoirs; ne touchez pas à mon pouvoir exécutif; songez à Montesquieu! » Les interpellateurs n'en ont cure et le ministre qui invoque son pouvoir exécutif est bien près de ses fins.

Montesquieu lui-même ne s'y reconnaîtrait pas. N'a-t-il pas écrit, dans ce chapitre vi, « que s'il n'y avait plus de monarque et que la puissance exécutive fût confiée à un certain nombre de personnes tirées du corps législatif, il n'y aurait plus de liberté ». Or, nos ministres sont et restent en principe des parlementaires; c'est l'essence du régime et c'est par là que nous prétendons avoir conquis la liberté.

La trinité de Montesquieu est périmée. Gardons de la distinction fameuse ce que l'expérience nous en laisse : la division nécessaire des pouvoirs de contrôle et d'action, ou plus exactement, des forces de contrôle et des forces d'action.

La monarchie avait la permanence des services publics, ce qui a fait sa grandeur et les misères des rois, ce qui l'a menée à l'échafaud. Restaurons, pour la grandeur de la République, la permanence des services publics : il est fort inutile de nous rapporter en même temps les misères des rois.

II

L'ORGANISATION DE LA FORCE ADMINISTRATIVE

Si l'on tombe d'accord sur ces principes, si l'on reconnaît que l'action, dans la vie sociale, doit appartenir à la force administrative permanente, que la France a failli périr, que des centaines de milliers de Français sont morts inutilement, parce que nous n'avions pas cette force administrative organisée, la première tâche n'est pas de discuter l'organisation du pouvoir politique et les conditions dans lequelles il exercera son contrôle ; l'action passe avant le contrôle.

La tâche essentielle et probablement une question de vie ou de mort pour la France, c'est d'organiser l'action ; c'est d'organiser rationnellement et démocratiquement la force administrative, la force de l'élite appelée, sous le contrôle du nombre, à conduire les hommes vers leurs destinées.

I. — LA DÉLIMITATION RATIONNELLE
DES SERVICES PUBLICS

Pour donner à la France cette forte administration indispensable à la vie d'un grand pays, nous devons d'abord fixer rationnellement la liste des services publics et le domaine exact de chaque service.

Les administrations ne doivent pas être des troupes confuses d'individus plus ou moins bien intentionnés, mis à la disposition des hommes politiques et faisant au commandement des à droite ou des à gauche.

L'efficacité et l'utilité du service public dépendent, dans une très large mesure, de ce premier effort d'organisation ; il n'a jamais était fait sérieusement en France.

La constitution des services actuels a été souvent déterminée avec une grande légèreté ou même parfois ne paraît jamais avoir été examinée sérieusement.

Chaque industriel apporte le plus grand soin à bien organiser sa maison : son génie se révèle dans cette organisation ; la prospérité de son établissement en dépend.

Nous avons agi, pour l'organisation de la République, comme si l'effort de raisonnement par lequel chacun tâche de combiner au mieux sa vie et ses affaires privées était tout à fait inutile pour les affaires publiques.

Des installations de fortune nous ont suffi. A travers les tractations qui ont accompagné ou suivi la formation de cinquante ministères en cinquante ans, les choses se sont arrangées comme elles ont pu. Certains services ont flotté à l'aventure d'un ministère à l'autre et, dans le même ministère, d'une direction à l'autre, comme si cela n'avait aucune importance.

D'année en année, l'almanach national a, figé ainsi des conceptions successives et souvent contradictoires. Chacun a eu son idée et par quelque arrangement nouveau a voulu marquer son passage : les uns ont fait des divisions géographiques ; d'autres, des divisions analytiques ; d'autres, des divisions synthétiques.

Tantôt nous avons eu des directeurs pour un service public et tantôt nous n'en avons point eu ; tantôt nous avons eu des sous-secrétaires d'État et tantôt nous n'en avons point eu.

A tant d'arrangements successifs et contradictoires, on ne découvre, après coup, aucune autre raison appréciable que des considérations de personnes, des combinaisons de bureaucrates, l'équilibre des services sur le papier, parfois le simple hasard.

Chaque nouveau ministre annonce, le soir même de son avènement, qu'il va donner aux services publics une constitution nouvelle et bien mieux arranger les choses que ses prédécesseurs. Plusieurs mois après, son successeur qui ne se croit ni moins avisé, ni moins bon patriote, veut aussi laisser sa marque.

Ainsi, d'arrangements en arrangements, nous avons prodigieusement augmenté le nombre de nos fonctionnaires et engagé des centaines de projets, sans mener aucun à terme.

Principes qui doivent dominer dans la délimitation des services publics. — La constitution des services publics, leur classement par ministère, les limites, le domaine, l'objet et les cadres de chaque service public ne sont pas affaire d'improvisation ou de tractation dans une combinaison ministérielle : c'est une affaire capitale qui est à la base de toute l'organisation sociale.

Cette délimitation préalable et méthodique des services publics doit être réalisée avec une logique inlassable, impitoyable pour les formules du passé, le gonflement actuel des attributions, les questions de personnes.

C'est l'attribution essentielle du Parlement dans l'établissement de la loi des finances; c'est à ce moment que les élus du peuple doivent discuter avec une attention extrême et fixer la constitution de chaque service public.

Pour supprimer les improvisations qui surgissent au moment des formations de ministères, aucune modification ne devrait être apportée d'une loi de finances à l'autre, à l'organisation des services publics fixée par le budget.

Dans cette tâche, la Commission du budget et le Parlement doivent être dominés par trois préoccupations :

1º Déterminer très nettement l'objet et les limites de chaque service public;

2º Ne pas mettre sur les épaules de l'homme qui dirigera ces services et qui, par conséquent, en sera responsable, une charge surhumaine ; donc proportionner chaque service public aux forces normales des cervelles directrices;

3º Grouper les services publics de façon à en

assurer le contact et la coordination ; créer au besoin les liaisons nécessaires.

Tout cela est affaire de méthode, de réflexion et de bon sens ; on a le droit de penser que la besogne peut être faite aisément, à la satisfaction de la nation, par le Parlement, s'il veut bien s'y mettre avec quelque application.

La notion de service public. — A quoi reconnaissons-nous qu'un service doit être un service public ? Au fait que nous l'attendons instinctivement de la nation ou des groupements naturels ou artificiels dont la réunion constitue la nation et qui agissent sous son contrôle incessant.

Dans l'état actuel des relations humaines, les hommes obtiennent, les uns des autres, beaucoup de services, par de libres tractations individuelles.

Il est d'autres services, dont la nature, l'importance, la généralité, les difficultés d'organisation sont telles que cette organisation nous paraît devoir être faite, au nom de la nation tout entière, pour l'utilité de chacun de ceux qui la composent.

Chacun de nous considère que ces services lui sont dus par la nation, toutes les fois qu'il en aura besoin, dans des conditions uniformes et déterminées à l'avance.

La nécessité, la généralité de ces services sont exprimées dans notre langue par les mots « les services publics » ; expression vague, qui ne comporte aucune définition précise et n'entraîne aucune limitation des services publics.

Le domaine des services publics s'étend indéfiniment ; ses limites pour chaque âge d'une nation se trouvent dans les possibilités d'organisation pratique et dans l'évolution sociale de la nation.

Nous croyons aujourd'hui qu'assurer l'enseignement, la police, les transports, distribuer de l'eau, du gaz ou de l'électricité, est un service public, mais que procurer au meilleur marché possible du pain fabriqué proprement, avec du bon blé, est affaire d'initiative privée. Il nous est impossible de nous donner à nous-mêmes une raison satisfaisante de cette distinction. Demain, si les difficultés pratiques qui s'opposent et s'opposeront longtemps encore à l'organisation nationale ou municipale de la boulangerie disparaissaient, nous soutiendrions avec beaucoup de raison que la distribution du pain est comme celle de l'eau un service public, et nous nous étonnerions d'avoir cru si longtemps le contraire.

La nation doit-elle donc absorber toutes les énergies individuelles? Non : elle les multipliera.

Le constant développement de ses attributions sociales, ne tend qu'à l'exaltation de l'individu, par la puissance plus grande de l'association dont il fait partie. Ainsi, des instruments plus parfaits et plus sûrs seront mis à la disposition de chaque effort individuel, pour éviter la souffrance et conquérir le bonheur.

Beaucoup de Français penseront que ces instruments ne seront ni parfaits ni sûrs, s'ils sont des services gérés directement par l'Etat.

Les défectuosités de la gestion par l'Etat ne sont pas une conséquence nécessaire de la démocratie ; qui, d'autre part, oserait prétendre que la gestion des sociétés financières soit à l'abri de toute critique?

Les deux systèmes d'exploitation sont expérimentés pour les services publics : ils tendent sous nos yeux à se rapprocher.

On demande que la rigidité, le formalisme, le sommeil des administrations d'Etat soient remplacés par la liberté, la souplesse, l'activité des sociétés industrielles; mais, en même temps, l'intervention de la puissance publique s'accentue fatalement de jour en jour, dans les services gérés par des concessionnaires; nous ne pouvons plus admettre que des intérêts financiers dominent la vie de la nation.

La fusion des deux systèmes est le régime de l'avenir.

La détermination des services publics, pour chaque âge d'une nation, appartient donc essentiellement aux élus de la nation, au pouvoir politique; c'est l'objet principal de la loi annuelle de finances : c'est alors que le peuple fixe les services publics qu'il attend de sa nation, combien il veut les payer et comment il entend qu'ils soient constitués.

La gestion et le contrôle, pour la nation, de l'ensemble de ses services publics, voilà ce qu'est l'Etat.

2. — LE CHEF DE CHAQUE SERVICE PUBLIC

Après avoir établi cette liste rationnelle des services publics, comment assurer dans chaque service la vie énergique et utile de l'administration ?

D'abord et avant tout, en lui procurant les meilleurs chefs possibles.

La nécessité de chefs permanents, responsables de la direction de l'entreprise, est certaine. Nous savons tous parfaitement que des centaines de gens sont, par leur courage, leur intelligence, leur droiture aussi dignes des premières places que ceux qui les occupent. La vie et ses hasards ont placé les uns plus haut, les autres plus bas. Tous sont des associés ; aucun ne doit être considéré comme un maître, aucun comme un serviteur : chacun, lorsqu'il exerce ses fonctions, représente en quelque manière, dans les limites de cette fonction, toute l'autorité de la nation.

Tout cela est incontestable ; cependant, il faut que les uns dirigent et que les autres soient dirigés ; car toute entreprise qui n'obéit pas à une direction énergique et responsable périclite et périt.

Le pouvoir du chef civil est moins rude, moins absolu, plus patient que celui du chef militaire ; il est du même ordre ; il faut qu'il soit du même ordre pour gagner la bataille civile.

Chaque service public civil a besoin d'un chef très bien préparé à son métier et s'imposant d'abord à sa troupe, par ses qualités intellectuelles et morales.

Ce chef doit croire à sa mission ; sa troupe doit croire en lui ; elle doit voir chaque jour qu'il méritait sa place.

Qu'on fasse le tour des services civils : on verra combien peu cette conception de la nécessité d'un chef véritable et permanent de chaque service public est apparue à ceux qui avaient la charge de la France.

Dans beaucoup de services, le recrutement du directeur paraît n'avoir eu qu'une importance secondaire : on a agi comme s'il était un personnage de coulisse.

Au premier plan, le ministre ; le directeur n'est qu'un homme de confiance, une sorte de secrétaire technique et, comme le disent certains vieux directeurs, le porte-plume du ministre ; quand il signe des décisions de seconde importance, il ne signe que pour le ministre et par autorisation.

Que nous ayons Pierre ou Paul pour directeur des chemins de fer ou des ports, qu'importe, puisque nous avons perpétuellement en scène le ministre, le premier rôle, le seul ; l'autre n'est qu'un souffleur.

Dans ces conditions, que sont les directeurs ? Des gens formés dans l'entreprise, connaissant les rouages, les méthodes ? Rarement ; nous préférons des esprits vierges ; sans doute, ils tâtonneront la vérité ; mais s'ils connaissaient l'affaire, ils auraient des préférences, des traditions, par suite des préjugés et de la routine !

D'ailleurs, aucune condition de choix pour le directeur ; il est l'homme du ministre ; celui-ci doit pouvoir le prendre où il veut et comme il veut. Principes commodes pour les candidats directeurs : on séduit aisément un ministre ; moins avantageux pour les services publics : il est plus difficile de les bien administrer.

Le directeur ne doit pas être l'homme du ministre : il est l'homme du service public, vis-à-vis du ministre.

Celui-ci, quand il donne l'investiture au nom de la nation, ne fait que vérifier si le directeur est bien l'homme du service public, l'homme vraiment désigné pour sa fonction.

La France sue périodiquement sang et eau pour découvrir, dans le tumulte des élections, des hommes nouveaux qui feront l'avenir : les élections ne lui donneront jamais les chefs d'aujourd'hui et les constructeurs de demain :

La France doit subordonner désormais toute autre préoccupation à la sélection des chefs nécessaires pour les grandes affaires publiques.

Les trois vertus du chef. — Chacun d'eux doit avoir les trois vertus théologales : l'honorabilité, la compétence, le dévouement.

L'honorabilité absolue, active ; non pas seulement celle qui se contente de ne pas prendre part aux opérations louches, mais celle qui les traque sans pitié ; celle qui gouverne la vie privée comme la vie publique, le mariage comme le reste ; les sottises de la vie privée réagissent toujours sur la vie publique.

Cette inattaquable droiture est la force du service public ; elle le nettoie des ivraies ; elle met l'air salubre autour d'elle ; que d'erreurs elle épargne, par sa seule présence !

De temps à autre des flibustiers persuadent à Jacques Bonhomme que Robert Macaire sert mieux la nation qu'un honnête homme, moins dégourdi ; si on les laisse faire, ils montrent bientôt à Jacques Bonhomme que, dans toutes les fonctions, les plus grandes comme les plus humbles, la première condition est une honnêteté implacable.

Comment tant de braves gens de France, dont l'honorabilité est parfaite, continueraient-ils à faire avec cœur leur besogne modeste et souvent fastidieuse, s'ils pouvaient croire que leurs chefs n'ont pas les mêmes scrupules ?

Sans doute, à cette droiture il vaut mieux ajouter

la bonne humeur; mais le moyen avec des malandrins qui, d'affolement en affolement et pour réussir leurs coups, joueraient au besoin leur pays et les vies les plus précieuses!

La compétence, une compétence véritable, assurée par une formation intelligente et des sélections rationnelles.

L'homme appelé à diriger un grand service public doit être aussi bien préparé que possible au poste qu'il occupe. Finissons-en avec les improvisations gauloises de ceux qui, pour échapper au préjugé de la compétence, cultivent celui de l'incompétence.

Nous ne voulons pas seulement la connaissance des détails techniques du service mais aussi celle des hommes.

Seraient-ils compétents les Directeurs généraux de l'Enseignement, des Postes ou des Chemins de fer qui, ayant à commander cent mille instituteurs, cent cinquante mille postiers ou quatre cent mille cheminots ne connaîtraient que les méthodes pédagogiques, le matériel et le roulement des bureaux de poste, les machines, les rails et les conventions financières des réseaux?

Demandons-nous du génie? Si la République découvre Sully, Colbert ou Turgot, espérons qu'elle saura les prendre et les garder. Mais un pays bien organisé n'a besoin ni de génies ni de sauveurs. Pour la bonne gestion des service publics, un fonctionnaire d'intelligence moyenne qui dure vaut cent fois mieux que l'homme éclatant qui passe comme un météore.

Si les services publics sont proportionnés aux forces humaines, avec des hommes d'intelligence moyenne, parfaitement honnêtes et bien appliqués, nous passerons à travers les crises les plus redoutables.

Le dévouement, le goût désintéressé des affaires publiques, la satisfaction de faire, pour un traitement souvent médiocre, et toujours identique, des besognes d'intérêt général, de ne toucher aucun supplément lorsqu'on procure un bénéfice important à la nation. Ce sentiment obscur, profond, qui a fait notre histoire, forme spéciale et utile de patriotisme, est fréquent en France. S'il ne se traduit pas toujours sous des formes amènes, il explique la vie de la plupart des fonctionnaires à tous les degrés de la hiérarchie : il inspire aussi souvent les plus humbles que les plus élevés; il se manifestera d'autant plus ardemment que les chefs des services publics auront aux yeux de tous et d'abord de leurs subordonnés, les vertus, l'autorité et la responsabilité que comportent leurs fonctions.

Quatre-vingts chefs civils suffiraient pour administrer la France et ses colonies. — Combien d'hommes honorables, compétents et dévoués, faut-il pour diriger l'ensemble des services civils de la France?

En additionnant tous les chefs des services civils, les ambassadeurs, les gouverneurs des grandes colonies et ceux des principaux établissements financiers, on n'arrive pas à quatre-vingts.

Quatre-vingts hommes de tout repos à trouver pour conduire toutes les affaires civiles de la France, les extérieures comme les intérieures; assurément, cela paraît moins difficile que de faire sortir des urnes électorales un millier d'hommes d'Etat ou de dénicher une famille régnante dans laquelle, de père en fils, les souverains soient simplement des hommes estimables.

Cependant la République ne trouvera pas facilement ces quatre-vingts chefs ; elle n'a rien fait pour les préparer ; elle a tout fait, au contraire, quand elle les rencontrait par hasard, pour les écarter des hautes fonctions publiques ou les en dégoûter.

Le traitement et l'âge des chefs. — Quatre-vingts chefs à former par des procédés rationnels et à payer ce qu'ils valent : dans l'état actuel des salaires, au moins cent mille francs ; voilà la première tâche ; après, nous philosopherons sur la politique.

Ces chefs doivent être encore en pleine force, dans cette période de la vie qui va de la quarantaine à la la cinquantaine.

Plus tôt, l'homme n'a pas assez d'expérience ; plus tard, plus assez de souplesse et de force ; vieilli et fatigué il ramène vers les chemins du passé le peuple qu'il doit conduire vers l'avenir.

Demandons, à ceux qui auront ces grandes charges, les dix années de leur vie qui vont de la quarantaine à la cinquantaine. Avant, la préparation ; après, les prébendes : dans ces dix années, ils auront donné leur mesure et servi leur pays.

Les adjoints du chef : formation d'une élite, dans chaque service public. — Chacun de ces chefs doit avoir des adjoints qui allègent sa tâche et parmi lesquels il préparera le chef de demain.

Le chef d'un grand service public n'est pas un

factotum tenu d'être à son pupitre douze heures par jour. Son utilité ne se mesure pas aux heures de présence, à la quantité de papiers signés ou de notes fournies. Il doit avoir le loisir de consacrer son activité, sa puissance de réflexion, à la haute direction de son service. Par des voyages fréquents, des inspections personnelles, des études poursuivies en dehors des nécessités immédiates de la gestion journalière, il doit être constamment à la hauteur du rôle qui lui est confié.

Donnons-lui donc les adjoints nécessaires pour faciliter sa tâche et au besoin le suppléer ; c'est une erreur de croire que les états-majors doivent être réduits au minimum. Les économies de cervelles sont de sottes économies ; une idée heureuse pour la gestion d'un service public n'est jamais payée trop cher. Quand on fait le calcul des progrès qu'elle permet, par rapport aux quelques milliers de francs qu'aurait épargnés une compression à l'extrême des cadres supérieurs, on se demande comment une si piètre épargne pourrait être défendue.

La création d'une élite autour des chefs de service est une nécessité absolue dans tous les services publics.

Un Américain fameux a proclamé qu'il faut commencer par balayer le magasin à seize ans pour mériter de devenir patron. Le magasin doit être organisé de façon que celui qui le balaie à seize ans, puisse acquérir assez d'instruction et d'autorité pour devenir le chef à quarante ans et n'être arrêté dans cette ascension par aucun préjugé. Mais n'attendons pas de ces révélations heureuses les chefs des services publics.

Chaque service doit être organisé de façon à pro-

duire normalement et rapidement ses chefs : leur
recrutement et celui d'une élite est la grande affaire.
Tout le reste en dépend.

Dans cette organisation des services publics, la
souplesse des formes doit être sauvegardée, nous
n'avons pas à nous embarrasser de formules rigides.

Chaque service doit être envisagé d'abord individuellement, ensuite dans ses rapports avec les
services connexes.

La nécessité des coordinations peut dicter, pour
des ministères voisins, des formules différentes.

Le ministère des Affaires étrangères, celui des
Colonies ou de l'Instruction publique, peuvent
très bien n'avoir pas la même constitution que celui
des Travaux publics ou celui de l'Hygiène et de la
Prévoyance sociale. Si nous avons une direction
de l'Enseignement professionnel, une direction de
l'Enseignement primaire, une direction de l'Enseignement secondaire et une direction de l'Enseignement supérieur, la nécessité d'assurer l'unité et
l'ordre dans l'enseignement peut suggérer, pour la
coordination de ces quatre services et la prééminence
de l'un d'eux sur les autres, des solutions différentes
de celles que les mêmes considérations dicteront
aux Colonies ou aux Travaux publics.

**Que penser de l'institution d'un Secrétariat
général administratif par ministère? —** Pour
maintenir la force administrative à travers la politique, on préconise assez souvent et l'on tente partout de réaliser la création, pour chaque ministère,
d'un secrétariat général analogue aux secrétariats
d'Etat permanents de l'Angleterre.

On imagine que les ministres politiques qui passent seront heureux de trouver et de laisser, après l'avoir feuilleté « comme un livre », un ministre administratif qui assurerait, à travers les mouvements de la politique, la continuité du service public.

Dans une situation difficile, à la veille de remaniements dans le personnel ou dans la politique, un ministre peut demander à un fonctionnaire de bonne volonté d'assumer la responsabilité de ces remaniements et, en l'investissant du titre de secrétaire général, lui donner temporairement l'autorité nécessaire.

Ce n'est qu'une solution exceptionnelle; l'institution d'un secrétariat général par ministère ne paraît pas à recommander.

Ce n'est pas seulement parce que nos mœurs politiques ne permettent pas ce mariage de raison entre les spéculations de la politique et les nécessités de l'administration; parce que le politique et le technicien arriveront difficilement à s'entendre, le politique trouvant odieux d'avoir auprès de lui quelqu'un qui prétend représenter la compétence et la tradition; l'autre ne résistant pas au plaisir de relever les erreurs du politique et enragé d'être brimé par lui.

Nous ne devons pas doubler le ministre politique par un ministre administratif parce que cette conception est hybride : l'autorité du ministre, en tant qu'elle exprime le contrôle souverain de la nation et le jugement du nombre, ne doit pas être diminuée.

En outre, il est impossible d'imaginer une constitution de ministère produisant normalement et rationnellement le secrétaire général de ce ministère.

Celui-ci ne sera jamais qu'une créature, qu'une improvisation d'un ministre en passant; il tiendra son autorité de ce ministre et non du service public qu'il représente.

Enfin, confier à un seul le secrétariat général de tout un ministère, c'est encore une tâche surhumaine; c'est recommencer, dans l'administratif, la folie de l'organisation politique; c'est mettre sur les épaules d'un homme un fardeau qu'il ne pourra porter; c'est sortir de la compétence et de l'ordre pour rentrer dans l'incompétence et le gâchis.

Les liaisons et la coordination indispensables entre les différents services d'un ministère, si elles ne peuvent pas être complètement assurées par le ministre, dont c'est l'une des fonctions essentielles, doivent être cherchées autrement que par l'institution d'un Secrétariat général.

Sous toutes ces réserves, pratiquement, on peut concevoir l'organisation des services publics sur les bases suivantes :

Chaque service public serait administré par un Directeur général et un comité technique auquel on peut donner le nom de Conseil d'Administration.

Les pouvoirs du chef de chaque service public. — Le Directeur général doit être seul responsable de l'exécution du service public devant le ministre, le Parlement et la Nation. En conséquence, il doit avoir tous les pouvoirs que comporte cette responsabilité et le plus essentiel de tous : la nomination et la révocation de tous les agents du service, les plus élevés, comme les plus modestes. Il ne faut pas qu'à aucun moment il puisse dire que le service ne marche pas parce qu'il n'a pas pu choisir ses collaborateurs.

Nous avons le goût en France des systèmes d'idées et des assemblages de nuages : les idées, il faut toujours pour les éprouver, voir avec quels hommes on les réalisera. Elles ne valent pas par rapport à l'absolu ; elles valent par rapport à Pierre, Paul, Jacques dont on peut mesurer les qualités et les vices et à qui il faudra bien s'adresser pour mettre les systèmes en pratique.

Certains directeurs de grands services disent volontiers qu'ils n'aiment pas les questions de personnel ; avec quoi donc pensent-ils mener les chemins de fer, l'enseignement public, la police et les ports : avec des feuilles de papier et des caractères d'imprimerie ?

Les bons services publics sont des hommes qui agissent énergiquement et non des circulaires, des proclamations, des règlements.

Nous avons reconnu que le service public ne peut être bien mené, que si nous mettons à la tête un technicien honnête, dévoué et responsable. Si nous voulons que ce technicien soit vraiment responsable, donnons-lui le choix de tout son personnel et particulièrement de ses principaux collaborateurs.

Il est directeur, donc il doit diriger et ne pas rester un intermédiaire ou même un garde-chiourme placé là par un ministre en passant ; il ne doit pas représenter le ministre vis-à-vis du service public, mais bien le service public vis-à-vis du ministre ; il doit avoir de vastes pouvoirs de décision et de nomination et avoir en main tout le personnel de son service, puisque tout est une question de personnel.

On ne construit pas une nation à coups d'abstractions, ni avec des êtres chimériques ; il faut réaliser tous les systèmes en hommes déterminés, qu'on connaît, dont on mesure les mérites et les défauts.

Partout, en toute circonstance, le directeur doit appliquer ses idées et non celles des autres ; il doit élaborer et discuter ses programmes et non ceux des autres ; il doit être celui qui, devant le pouvoir politique et devant la France entière, a la charge réelle du service public.

Ce ne sont pas les trente-cinq ministres des travaux publics qui se sont succédé depuis trente-cinq ans qui doivent être responsables de la condition des chemins de fer ou des ports maritimes : c'est le directeur des chemins de fer et le directeur des ports maritimes qui seuls doivent être loués ou blamés suivant les cas.

C'est le directeur général de l'enseignement qui doit être en principe l'organisateur du régime des Universités et non le ministre de l'Instruction publique.

En conséquence, ces hommes doivent avoir l'autorité, les collaborateurs et les moyens d'action nécessaires.

Le directeur général doit préparer et présenter le budget, les programmes et toutes les mesures concernant l'organisation, le recrutement et les cadres de son service ; il doit signer tous les actes concernant l'organisation ou l'exécution de ce service, décisions générales ou particulières, circulaires, instructions, arrêtés, décrets. Même les décrets ! Même les décrets ; en quoi la superstition des mots nous contraindrait-elle à cesser d'être logiques ; cessons plutôt de les appeler décrets, si c'est une héré-

sie que de faire signer un décret par un directeur
général ; ou changeons le dogme et déclarons qu'un
décret peut être signé par un directeur général.

Le directeur général doit faire tout cela, directement, personnellement, en pleine lumière, mais non
sans surveillance, sans contrôle et sans approba-
tion : contrôle politique d'une part ; contrôle administratif d'autre part.

Contrôle politique souverain réalisé par le ministre
délégué du Parlement et de la nation ; le ministre
exerce, en leur nom, l'autorité suprême sur tous les
services publics compris dans ses attributions ; il
doit pouvoir toujours, en toute hypothèse, substituer sa volonté, c'est-à-dire celle de la nation, à la
volonté du directeur général ; mais il ne doit pouvoir le faire qu'en dessaisissant expressément celui-
ci qui, sauf ce dessaisissement officiel, reste seul
responsable devant le ministre, le Parlement et la
Nation, de la gestion du service public.

Le service de l'hygiène publique ne commencera
à exister en France que lorsque nous saurons clairement que c'est un certain hygiéniste choisi à raison
de ses travaux, de sa haute compétence et de ses
qualités d'action, qui en est le chef responsable,
celui à qui nous avons à demander des comptes
et non, au hasard des élections, un avocat, un vété-
rinaire, ou un pharmacien.

De même, pour la police, l'instruction publique et
tous les autres services, quels qu'ils soient.

3. — LE COMITÉ TECHNIQUE DE CHAQUE SERVICE PUBLIC : SA COMPOSITION ; SES ATTRIBUTIONS

Contrôle technique d'autre part exercé par un conseil d'administration, ou mieux par un comité technique représentant la compétence et aussi l'ensemble du personnel du service public.

Les formules pour représenter la compétence dans le comité technique varient avec chaque service public : elles ne sont jamais assez difficiles à combiner pour n'en pouvoir donner des raisons satisfaisantes : on trouve toujours aisément autour de chaque service public les quelques hommes dont la situation présente ou passée assure une compétence et une expérience précieuses pour la bonne gestion du service public.

Ces hommes doivent être assez bien choisis pour pouvoir être les conseillers techniques permanents du ministre ; il doit pouvoir s'appuyer sur leur contrôle pour l'examen des projets du directeur général.

La représentation des compétences doit former la majorité dans chaque comité technique, l'objet principal étant d'assurer le contrôle technique de la gestion du service ; mais il y faut appeler aussi les représentants élus de l'ensemble du personnel; cet accès du personnel au comité technique marque la coopération de tous les agents dans la gestion du service public, leur permet de suivre l'organisation du service et suscite chez tous la volonté de perfectionnement.

Dans la représentation du personnel au Comité technique on doit, sans pousser cette préoccupation jusqu'à l'émiettement et en procédant aux groupements nécessaires, tenir compte des principales catégories. Le nombre ici n'est plus la seule règle : les catégories supérieures doivent être représentées. Dans un comité technique de chemins de fer, les chefs de gare et les agents assimilés doivent être représentés. Pour les personnels nombreux, l'élection doit être toujours faite au moins à deux degrés.

Ce comité technique ou conseil d'administration doit avoir les mêmes attributions qu'un conseil d'administration dans une industrie, avec cette différence imposée par la nature des choses, que le conseil d'administration d'un service public ne peut avoir qu'un rôle consultatif, la décision appartenant, suivant les cas, au ministre ou au directeur général.

Il suit les affaires générales du service, discute les programmes, examine les promotions du personnel supérieur et pour le poste de directeur général, fait des propositions au ministre. Il assure ainsi, sous l'autorité du ministre et en collaboration avec le directeur général, la permanence des vues dans le service public et le contrôle de la gestion des chefs de service.

N'exagérons pas le rôle de ce comité ; il est utile ; il n'est pas indispensable. Le parlement, ses commissions permanentes, le ministre délégué du parlement, contrôleur souverain du service public d'une part ; le directeur général, fonctionnaire permanent effectivement responsable, chef visible du service public, d'autre part, voilà les pièces essentielles du système.

Le comité technique est précieux pour contrôler la

gestion technique du service public, confirmer, au delà même du directeur général, la permanence des vues et la suite ordonnée des programmes, attester, par la présence de représentants élus de l'ensemble du personnel, la solidarité de tout le personnel pour une œuvre commune, prévenir, apaiser ou résoudre les conflits.

Mais, s'il fallait sacrifier quelque chose, c'est le comité technique ou conseil d'administration qu'il faudrait jeter par-dessus bord. A aucun moment, il ne faut y chercher, ouvertement ou sournoisement, un moyen de soutirer au parlement, à ses commissions compétentes et au ministre leur autorité légitime et nécessaire.

Le parlement c'est le grand conseil d'administration de la France.

Méfions-nous donc des conseils de consommateurs qu'on voudrait placer à la tête des services publics; les seuls représentants des consommateurs sont les membres du parlement français.

Ceux qui préconisent l'intervention des consommateurs ne vont pas loin, quand on les prie de préciser comment seraient représentés les consommateurs de la police, de l'instruction publique, de l'hygiène ou de la justice. Autant il est facile de découvrir des compétences professionnelles utiles à la gestion du service public, autant il est impossible, en dehors du suffrage universel, de donner aucune base sérieuse à l'élection du représentant des consommateurs.

4. — LES AGENTS DES SERVICES PUBLICS : DÉVELOPPEMENT DE LEUR PERSONNALITÉ ET DE LEUR AUTORITÉ

Dans la vie intérieure de chaque service public, sous cette autorité effective et puissante du directeur général et de ses principaux adjoints, le rôle de chaque agent doit être un rôle essentiellement actif et personnel. Aucun agent ne doit être traité comme un automate et le simple instrument d'une volonté supérieure.

La notion de personnalité et de responsabilité des administrateurs n'est pas seulement bonne pour les chefs principaux des services; elle est bonne pour tous les agents de tous les services. Chacun puise son autorité, non dans une délégation ou dans des instructions, mais dans la nécessité de sa fonction et dans la façon dont il la remplit.

Chaque agent, si modeste qu'il soit, doit être résolument investi de toute la fraction de pouvoir que comporte sa fonction : l'organisation des hiérarchies est indispensable pour maintenir chaque agent dans les limites de cette fonction et l'inciter à la bien remplir; mais elle n'a pas d'autre principe et d'autre objet.

En sens inverse, l'affirmation que chaque agent doit avoir toute la part d'autorité que comporte sa fonction n'a pas non plus des conséquences autres que celles qui résultent de cette définition des situations respectives.

Il est parfaitement raisonnable de dire au mécanicien qui conduit un train dans lequel Président et ministres vont à une conférence pour régler le sort du pays :

« Mécanicien, courbé sur ta machine, tu n'es pas une fraction animée de l'outillage du réseau. Pendant tout le trajet, tu es autant que ceux que tu conduis, le Gouvernement de la France : tu disposes de ton sort et du leur ; un coup de folie ou une minute d'inattention, voilà la conférence dans le fossé et ces éminentes cervelles en capilotade. »

Il est absurde de faire croire au mécanicien que parce qu'il exerce une fonction qui, à certains moments, peut être une condition nécessaire de la vie de la nation et parce qu'il mérite d'être traité avec estime et gratitude, il doit dominer toute la nation.

C'est une mauvaise farce de lui dire que, parce qu'il dirige bien sa machine, il mènerait aussi facilement un réseau de chemins de fer ou le ministère des Travaux publics.

N'avons-nous pas tous souri de l'étonnement puéril des intellectuels et des autres, qui, après les enseignements de la guerre, admirèrent que des étudiants pussent conduire facilement des autobus.

Assurément, chacun sa tâche et tous pour chacun ; nous avons tous besoin les uns des autres ; chaque homme est l'agent, le fonctionnaire des autres hommes ; il reste plus facile de se mettre à conduire une charrue, un autobus ou une « Pacific » que d'être directeur des chemins de fer ou de l'agriculture.

5. — LA SOLIDARITÉ DE TOUS LES AGENTS D'UN SERVICE PUBLIC ET L'INTERDICTION DE LA GRÈVE DANS TOUS LES SERVICES PUBLICS

En réalisant ces principes pour chaque service public, on constitue une association d'hommes qui, des chefs aux derniers agents, assument solidairement, vis-à-vis du pouvoir politique et de la nation, la charge du service public.

Ont-ils le droit de grève? Assurément non ; jamais, dans aucun service public et sous aucun prétexte.

Toute grève dans un service public quelconque, aussi bien dans un service concédé que dans un service exploité directement par la nation, le département ou la commune est absolument inadmissible parce qu'elle est en contradiction avec la notion même du service public.

Pourquoi la nation érige-t-elle en services publics certains services qu'elle pourrait après tout laisser à l'initiative privée? Parce qu'elle les considère comme indispensables à la vie de chaque citoyen, parce qu'elle tient pour son devoir absolu de procurer aux hommes réunis en nation certains instruments de vie et de progrès; elle ne peut donc admettre un seul instant que ces services soient abandonnés.

Les agents qui entrent dans les services publics ne sont pas les salariés d'un patron.

Ce n'est pas seulement parce qu'ils trouvent dans

leur condition des garanties particulières, garanties que l'afflux des demandes pour le moindre service public atteste suffisamment; c'est surtout en vertu d'une notion plus haute, plus humaine, plus sociale: c'est parce qu'il faut que la nation assure à tout prix la vie de ceux qui la composent.

Les agents des services publics, quels qu'ils soient, sont tous plus ou moins en service commandé; ils sont liés au service public qu'ils ont après tout librement recherché, comme le soldat et le juré sont liés au service qui leur est imposé par la nation pour la conservation de l'existence sociale.

Voilà la raison principale pour laquelle aucune grève, aucun essai, aucune préparation ou prédication de grève ne doivent être tolérés un seul instant, dans un service public quelconque, national, départemental, ou municipal, concédé ou non concédé.

La continuité et la régularité des services publics sont l'obligation fondamentale de la nation et par conséquent de tous ses agents envers les citoyens; elles sont la réalisation pratique de la solidarité des hommes, la raison essentielle pour laquelle ils forment des nations.

Un employé de chemins de fer ne peut parler de grève sans détruire la notion de service public dont les humbles ont plus besoin que personne.

Quelques révolutionnaires disent aux ouvriers : « Attention! si vous laissez établir que le droit de grève cesse lorsqu'un service public est en jeu, la nation étendra ses services publics; elle déclarera services publics les mines, les grandes industries, la boulangerie; de proche en proche, les services publics s'étendront, le réseau des industries protégées couvrira la vie nationale; vous ne pourrez plus jamais faire grève. »

Sans aucun doute : si la nation ou les municipalités faisaient de la boulangerie un service public, c'est qu'elles jugeraient nécessaire de garantir aux citoyens la fourniture régulière de pain propre et à bon marché. La première condition de cette fourniture régulière est que les ouvriers boulangers continuent à travailler. Le jour où ceux-ci deviendraient des agents d'un service public, ils perdraient tout droit de faire grève.

Mais, répliquent quelques économistes, tout cela est un enfantillage. La grève n'est pas un droit, c'est un fait. Si trois cent mille employés de chemins de fer veulent faire grève, rien ne saurait les en empêcher.

Si trois cent mille conscrits s'entendaient pour refuser le service militaire, nous ne trouverions pas trois cent mille gendarmes pour les conduire à la caserne. Si trois cent mille paysans s'entendaient pour ravager les récoltes de leurs voisins, nous ne trouverions pas trois cent mille gardes champêtres pour les en empêcher.

Les lois punissant ceux qui refusent le service militaire ou qui ravagent le champ de leur voisin ne sont pourtant pas des enfantillages. Suspendre par la grève le service des chemins de fer et détruire ainsi la vie de la nation est une action du même ordre que refuser le service militaire ou ravager les champs du voisin.

Ceux qui réclament l'extension des services publics ne prétendent pas désorganiser la vie sociale et la mettre à la merci d'une poignée de détraqués ; ils prétendent au contraire assurer à chaque citoyen avec continuité et régularité les instruments de vie et de perfectionnement que comporte l'état social et mettre à tout jamais ces instruments à l'abri des conflits des intérêts individuels.

Souhaitons que les politiques trouvent prochainement une formule pour imposer avec précision cette idée à tout agent nouveau de tous les services publics, nationaux, départementaux ou municipaux, concédés ou non concédés ; car les procédés empiriques par lesquels la nation assure l'organisation financière et la direction générale d'un service public ne changent rien à l'obligation fondamentale de la nation et par conséquent de tous les agents de la nation envers les citoyens, obligation qui est d'assurer avant tout la régularité et la continuité du service public.

6. — LE BUDGET DISTINCT DE CHAQUE SERVICE PUBLIC ET LES OFFICES NATIONAUX

Chaque service public doit avoir, autant que possible, son budget distinct, présenté au pouvoir politique et à la nation de la façon la plus claire et la plus saisissante ; par comparaison d'une année à l'autre, le pouvoir politique, dont c'est l'une des missions principales, doit pouvoir juger facilement la gestion du service public et, rapprochant les dépenses des résultats obtenus, se prononcer sur la valeur de cette gestion.

Mêler la comptabilité et le budget de plusieurs services publics rend très difficile l'établissement de comptes industriels, élément important de bonne gestion pour chaque service public.

Par l'obligation même où il se trouverait d'accuser chaque année les résultats de sa gestion, le chef de service serait poussé dans la voie des responsabilités ; il ne pourrait plus se contenter de vues générales et théoriques sur l'utilité des dépenses qu'il engage, puisque chacun pourrait voir facilement en fin d'exercice le bilan de l'opération.

Partout où le service public le permettra, il faut développer la notion d'office national avec autonomie du budget et poser le principe que les services industriels de la nation doivent, dans la plus large mesure, vivre et se développer avec leurs propres ressources ; il faut leur assurer la faculté de faire des économies, leur procurer ainsi des ressources pour gager les dépenses futures.

Il est inexact de dire qu'alors on ne pourra plus suivre la gestion des services publics : le Parlement la suivra tout aussi bien et même mieux, parce qu'il la lira plus facilement et avec plus d'intérêt. L'hégémonie du ministère des Finances peut en être atteinte, mais dans ce qu'elle a de tyrannique et de dangereux, non pas dans ce qu'elle a de nécessaire. Il est facile de sauvegarder le contrôle du ministère des Finances, tout en procurant aux services publics une gestion industrielle.

7. — LES ADMINISTRATIONS CENTRALES

L'administration centrale, dans chaque service public, doit être organisée avec beaucoup de soin.

Trop souvent l'administration centrale a été considérée surtout comme le prolongement du ministre, comme un ensemble de fonctionnaires civils mis à la disposition du ministre pour surveiller les services techniques et au besoin les brimer; conception fausse et qui, dans beaucoup de cas, a causé la stagnation des services publics.

Il peut être nécessaire d'ajouter, dans l'administration centrale, des compétences scientifiques, juridiques, économiques ou financières aux compétences des services actifs; mais ce mélange doit être étudié avec soin, pour chaque service public, et ne doit pas réduire l'action des techniciens compétents par l'intervention obligatoire d'hommes moins compétents.

Cette organisation de l'administration centrale de chaque service public est essentiellement l'affaire du directeur général et de son comité technique : là encore les formules générales ne valent rien. Si chaque directeur a suffisante liberté d'agir, on peut être assuré qu'il trouvera rapidement pour son service une organisation satisfaisante. Il sera toujours obligé d'en justifier devant son ministre et, au moment du vote du budget, devant le Parlement : on peut y ajouter quelque contrôle complémentaire, par exemple celui du Conseil d'Etat. Mais ne l'embarrassons pas par des règles abstraites et des péréquations qui ont plus d'avantages pour les intéressés que pour le service public.

L'administration centrale est la tête du service; elle est la direction de cette entreprise que constitue chaque service public; l'identité d'origine et la fusion avec les cadres actifs s'impose; elle ne doit être composée en principe que de chefs ou d'employés aux besognes matérielles ; peu de place pour celui que nous appelons le rédacteur, l'homme qui apprend l'administration en compulsant des dossiers et en rédigeant des rapports.

Dans chaque bureau, un chef qui dirige la partie du service qui lui est confiée avec un ou deux adjoints techniciens comme lui, le secondant dans l'étude des affaires, l'aidant à préparer les décisions et à donner les ordres nécessaires. Les techniciens peuvent être, suivant les cas, des juristes, des ingénieurs, des économistes, des financiers ou des statisticiens. Mais pourquoi des apprentis cherchant à deviner l'administration en compulsant des dossiers et ajoutant de nouveaux rapports sur l'affaire ?

Le titre seul de rédacteur révèle un système suranné : les administrations centrales doivent ordonner, approuver, rectifier et non pas rédiger.

III

LE CONSEIL D'ÉTAT ET LES CONSEILS ADMINISTRATIFS RÉGIONAUX

1. — LE CONSEIL D'ÉTAT

A cette organisation rationnelle de tous les services publics, il faut une clef de voûte.

Le Conseil d'Etat, qui serait mieux appelé le Conseil de la nation, doit être le point d'appui central de toutes les administrations, en même temps que le Conseil permanent du pouvoir politique ; il établit la liaison nécessaire entre les deux forces, la politique et l'administrative.

Le triple rôle du Conseil d'Etat. — Les besognes du Conseil d'Etat sont divisées en trois catégories : législatives, administratives, contentieuses.

Personne ne conteste la nécessité du Conseil d'Etat ; personne n'oserait soutenir qu'il remplit le rôle qui lui appartient normalement dans une démocratie et qu'il est organisé pour remplir ce rôle.

Or sait généralement que les besognes conten-tieuses auxquelles il a appliqué une procédure excel-lente et dont il s'acquitte, sinon avec rapidité, du moins à la perfection, ont été démesurément accrues ; que, dans ses besognes administratives, il a été trop souvent conduit à vérifier des détails et à entériner les vues mouvantes des politiques plutôt qu'à assurer la haute et permanente gestion des services publics ; que la République n'a pas su encore fixer la part exacte qu'il doit prendre à l'élaboration des lois nouvelles.

La guerre a achevé de démontrer que, là aussi, une réforme profonde était nécessaire ; qu'à une démocratie en marche vers l'avenir, il faut un Con-seil d'Etat démocratique.

En août 1914, dans la désorganisation des pou-voirs publics, bien des yeux se sont tournés vers le Conseil d'Etat. Quelle a été sa part dans l'élabora-tion de toutes les mesures administratives, écono-miques, financières, dans la création, l'organisation et le contrôle de tous les services nouveaux que commandait la guerre ?

Individuellement, les hommes ont fait ce qu'ils ont pu ; beaucoup, dans les postes divers où ils ont été dispersés, ont rendu de grands services : le Con-seil d'Etat n'a pas joué le rôle que la nation était en droit d'attendre.

Dira-t-on que c'est parce qu'on ne le lui a pas demandé ? Dans les circonstances tragiques, chacun doit prendre ses attributions et ses responsabilités ; là encore, l'organisation manquait.

Chaque citoyen français veut que le Conseil d'Etat soit une réunion d'hommes rompus aux affaires publiques, capables d'exercer de grandes charges, au courant de la vie sociale, groupant les compétences nécessaires pour pouvoir, à tout moment, fournir au pouvoir politique les conseils, les avis, les travaux dont ce pouvoir a constamment besoin.

C'est là que doit être concentré le contrôle technique des services publics; qu'à propos des affaires particulières doivent être maintenues la constance et la hauteur des vues, la suite persévérante des longs desseins nécessaires à la grandeur d'une nation; là que doivent être préparées, protégées la bonne organisation de chaque service public et la coordination supérieure de l'ensemble des services; c'est là que le budget de chaque service public devrait être examiné et discuté soigneusement avant d'être soumis au Parlement.

La plaie des Commissions. — Le Conseil d'Etat devrait être, en principe, le seul conseil du gouvernement, du pouvoir politique et de la nation dans les affaires de tout ordre, législatives ou administratives, pour lesquelles les travaux ou l'avis d'une commission sont nécessaires.

Sauf un très petit nombre de comités techniques exigeant des spécialistes, toutes les commissions dans lesquels les chefs de service perdent le plus clair de leur temps et où toutes les responsabilités se pulvérisent, devraient disparaître. Elles ont été une des plaies du régime : toute la force d'action de l'administration supérieure s'est épuisée, depuis quarante ans, en comités et commissions.

L'almanach national donne, pour chaque ministère, la liste des commissions, comités et conseils permanents, annexes de ce ministère. La liste est longue ; certains directeurs de grands services font partie de plus de vingt commissions permanentes.

Aux commissions permanentes s'ajoutent les temporaires qu'à tout instant et à propos de tout, les ministres instituent. .

Si l'on dresse l'état de toutes ces commissions permanentes ou temporaires, on demeure stupéfait de l'ubiquité de certains fonctionnaires : toute leur vie, ils courent d'une commission à l'autre.

Elles se multiplient, se croisent, s'embarrassent ainsi dans leur petit travail mélancolique, comme des taupes, les pauvres commissions. Elles meurent, ressuscitent, meurent de nouveau, après avoir entassé des papiers plus frais sur des papiers jaunis.

Que reste-t-il après la dernière séance : un rapport, œuvre collective de gens qui se dispersent avec un soupir de satisfaction et laissent à ce cahier de papier le soin de se défendre lui-même. '

Personne ne s'intéresse plus à ces feuilles qui, pendant tant d'heures, ont occupé tant de gens. Celui même qui les a rédigées les regarde sans bienveillance, comme un fruit de mauvaises veilles.

Paria de la littérature administrative, le rapport va dormir sous la poussière d'un bureau, à moins qu'il ne soit définitivement perdu. Une seule chose peut le sauver de l'oubli, mais elle l'en sauve sûrement : c'est que cette réunion éphémère d'anonymes, sans responsabilité aucune, tire quelque traite sur le Trésor public ; souvent dans quelles conditions, après quelles manœuvres, quelles tractations, quelles désertions ; parce que ceux qui avaient la charge de défendre l'intérêt général n'ont pensé qu'à leurs commodités et à un petit brin de popularité ; tout simplement parfois parce que la commission n'était pas en nombre ; parce qu'on avait hâte d'en finir ; parce qu'après tout, on n'était qu'une commission et qu'on n'avait aucune responsabilité.

Les bénéficiaires de la traite ne laissent pas alors oublier la commission ; ils s'arment du rapport ; ils lui donnent la vie ; ils le représentent sans cesse et, tôt ou tard, le contribuable paie.

Ainsi, récemment encore, une commission, où un ministre des Finances avait pensé mettre en sommeil une question brûlante, a tiré sur le Trésor une traite de deux milliards et demi et, par-dessus le marché, bouleversé notre économie nationale.

Toutes ces commissions, presque toujours si inutiles, parfois si dangereuses, empiètent sur le rôle normal et nécessaire du Conseil d'Etat. Par ses sections administratives, il doit connaître l'ensemble des affaires publiques. C'est au président de la section correspondante que les ministres, les chefs de services ou les commissions du parlement doivent demander avis, études, travaux, enquêtes et statistiques.

Ainsi, même pour ces études, nous obtiendrions l'esprit de suite et la responsabilité. Si l'étude est médiocre ou incomplète, l'avis nul ou dangereux ; nous saurions qui est responsable : le président de section et ses conseillers ; nous n'aurions plus devant nous des papiers, œuvre anonyme d'anonymes ; nous aurions des fonctionnaires permanents, à qui nous pourrions et devrions nous en prendre, s'ils ont mal fait leur besogne.

Les attributions législatives du Conseil d'Etat. — La tradition veut que tout nouveau ministre de la Justice vienne, au moins une fois, assister aux séances du Conseil d'Etat, dont il est nominalement le président. J'ai vu ainsi, au moins une fois, en trente-cinq ans, trente-cinq gardes des sceaux. Pas un seul, dans son discours, n'a omis de déplorer notre faible participation à l'œuvre législative et d'annoncer qu'il nous y associerait plus complètement.

Dans un agencement plus rationnel du pouvoir politique, avec deux Chambres dont l'une serait vraiment l'assemblée nationale, fournissant les ministres, fixant le budget, dictant la loi, dont l'autre ne serait qu'une chambre préparatoire représentant les intérêts corporatifs et professionnels, on peut penser que l'avis du Conseil d'Etat sur les projets préparés par cette première assemblée serait un élément utile du dossier soumis à l'assemblée nationale.

Dans l'organisation actuelle, on ne peut songer à imposer aux Chambres ou aux ministres l'intervention du Conseil d'Etat dans la préparation des lois ; les trente-cinq gardes des sceaux qui nous ont tous annoncé que nous allions être plus étroitement associés à la préparation des lois, ont tous disparu sans avoir fait la moindre tentative en ce sens.

Mais les détails d'application des lois sont le plus souvent fixés par des règlements d'administration publique, par des décrets du Président de la République rendus sur la proposition des ministres compétents, après avis obligatoire du Conseil d'Etat. Celui-ci a donc à revoir, à coordonner et, au besoin, à proposer de modifier les règlements préparés par les administrations centrales.

La composition du Conseil d'Etat. — Tel est

le rôle du Conseil d'Etat. La compétence, la hauteur de vues, le dévouement des hommes qui le composent ont pour la nation une grande importance.

Il ne suffit pas de mettre dans les lois et règlements : tel corps exercera telles attributions. Si la composition du corps ne correspond pas à ces attributions, les prescriptions demeureront lettre morte. Si le corps est composé d'éléments vigoureux et mis à sa place dans la hiérarchie, ses attributions se développeront normalement d'elles-mêmes.

Le Conseil d'Etat comprend un vice-président, cinq présidents de section, vingt-neuf conseillers d'Etat en service ordinaire, trente-sept maîtres des requêtes et quarante auditeurs.

Sur les vingt-neuf conseillers, neuf sont affectés à la section du contentieux et ne participent guère à la besogne essentielle du Conseil d'Etat que par l'assemblée générale où les principales affaires administratives sont discutées sur le rapport des sections, par des procédures d'ailleurs souvent désuètes.

Restent quatre présidents de section et vingt conseillers pour les besognes administratives et législatives qu'on demande ou qu'on devrait demander au Conseil d'Etat.

C'est suffisant, si l'on considère ces vingt-quatre hauts fonctionnaires comme le noyau autour duquel doivent s'agréger les compétences extérieures indispensables pour fournir au pouvoir politique les travaux et aux chefs de service l'appui dont ils ont besoin.

Ce serait insuffisant, même avec un recrutement excellent, si cette double douzaine devait, comme Pic de la Mirandole, être prête à répondre utilement à tous et sur tout, en matière administrative, législative, économique, financière, métropolitaine, coloniale, intérieure, extérieure, pacifique ou guerrière.

L'appel nécessaire aux compétences extérieures. — Le Conseil d'Etat ne doit pas être un corps fermé et comme une assemblée de chanoines laïcs faisant, au son de la clochette, des gestes rituels ; sa principale salle de séances est sans fenêtres sur le dehors : la vie extérieure devrait y pénétrer largement.

Sur deux postes de conseillers d'Etat qui deviennent vacants, un est réservé aux maîtres des requêtes, l'autre est donné discrétionnairement par les ministres sans aucune condition de titres et avec une seule condition d'âge, quarante ans. Sur quatre vacances de maîtres des requêtes, trois sont réservées aux auditeurs, la quatrième est attribuée aux candidats de l'extérieur.

On peut penser que cette façon de faire pénétrer la vie extérieure dans le Conseil d'Etat et de lui ajouter des compétences n'est pas la plus sûre.

La vie extérieure, dans tous ses mouvements, désigne elle-même les compétences dont le Conseil d'Etat aurait le plus pressant besoin pour remplir convenablement sa tâche. Beaucoup d'hommes occupent des situations qui attestent leurs connaissances spéciales et qui devraient faire de ces hommes, ou tout au moins de celui d'entre eux qu'ils délégueraient, tant qu'il occuperait la situation à raison de laquelle il aurait été délégué, les collaborateurs ordinaires du Conseil d'Etat. Chaque section administrative devrait être au moins doublée par l'addition de ces compétences.

Peu importe les noms, hors cadres ou extérieurs, qu'on donnerait à ces autres conseillers d'État, qui ne seraient pas les moins précieux.

Étant désignés à raison d'une situation qu'ils occupent déjà dans les sciences, l'enseignement, les professions libérales, les finances, l'industrie, le commerce, l'agriculture, les organisations patronales ou ouvrières, ils ne recevraient aucun traitement du Conseil d'État ; mais ils auraient, tant qu'ils seraient en exercice, le même rang et les mêmes prérogatives que les Conseillers d'État du cadre ordinaire. Ils seraient répartis entre les sections administratives, à raison de leur compétence, et participeraient aux travaux de ces sections et de l'assemblée générale avec voix délibérative : ils cesseraient immédiatement leurs fonctions quand ils quitteraient le poste ou la situation à raison desquels ils auraient été appelés au Conseil d'État. Un règlement d'administration publique déterminerait les postes ou situations qui permettraient d'entrer ainsi au Conseil d'État à titre extérieur.

Les nominations seraient faites par le gouvernement, soit directement, soit sur la présentation des associations ou corporations intéressées.

Ainsi doublée par ces compétences extérieures, chaque section administrative serait outillée pour sa tâche. Si elle ne disposait pas encore de tous les éléments de travail nécessaires, il devrait être entendu, par une disposition générale, que le président de section a, sous sa responsabilité, toute liberté pour faire appel, à titre consultatif, aux concours qu'il juge utiles. Il pourrait ainsi, autour de chacun de ses conseillers extérieurs pour les questions les plus diverses, grouper les équipes nécessaires et fournir promptement les études qui lui seraient demandées.

Cet appel aux compétences extérieures effraie. On l'accepte assez facilement quand il s'agit de délégués du bureau des présidents des chambres de commerce, des facultés de droit, de la haute magistrature, des grands établissements financiers, des principales associations agricoles, des concessionnaires des grands services publics. On fait déjà plus de réserves quand il s'agit de représentants de certains groupements industriels ; on s'arrête net quand on arrive aux groupements ouvriers. Quoi, vous donneriez le titre et les prérogatives de conseiller d'Etat à un secrétaire général de fédérations ouvrières? Sans doute, et en faisant asseoir à côté des représentants les plus qualifiés des institutions patronales ceux des fédérations ouvrières, ceux qui traduisent les aspirations du monde du travail et le grand mouvement social qui agite les nations, je croirais ouvrir à la vie la maison où j'ai vécu.

C'est dans ce contact journalier entre les conseillers d'Etat du cadre ordinaire, représentants et gardiens de la permanence et des traditions, et les conseillers extérieurs, expression de toute l'activité nationale, que s'apaiseraient les conflits, se dissiperaient les malentendus, se confronteraient les systèmes et se préparerait l'avenir.

Ayant ainsi appelé les compétences extérieures dans le Conseil d'Etat, en revanche on pourrait réserver entièrement aux éléments provenant du concours professionnel les postes de conseiller d'Etat et de maîtres des requêtes.

Cela ne veut pas dire que ces hommes auraient fait toute leur carrière, sans interruption, au Conseil d'Etat : il est désirable qu'ils connaissent la vie de la nation autrement que par des dossiers et des méditations.

Les règlements du Conseil d'Etat permettent de déléguer les membres du Conseil dans les fonctions extérieures pour trois ans. Ces délégations, qui augmentent la compétence et l'autorité du Conseil d'Etat, doivent être maintenues et facilitées ; c'est souvent ainsi que les auditeurs et les maîtres des requêtes se préparent le plus utilement à leur métier.

Les conseillers d'Etat en service extraor-dinaire. — Mais l'institution des conseillers d'Etat en service extraordinaire, telle qu'elle existe actuellement, ne doit pas être conservée.

Les lois en vigueur prévoient vingt et un conseillers d'Etat en service extraordinaire.

Les chefs de service pourvus, par décret, de ce titre, ont voix délibérative dans les affaires de leur département ministériel, voix consultative dans les autres ; en fait, ils sont surtout chargés de faire passer les premières ; ils représentent le ministre et défendent ses propositions devant le Conseil d'Etat. Leur nombre est limité par ministère ; il est toujours inférieur au nombre des chefs de service ; il n'y a pas de règle fixe dans un ministère, ni même toujours de traditions, pour la désignation de ces conseillers extraordinaires. Chacun d'eux doit défendre des affaires autres que celles qu'il a préparées. On devine ce que peuvent être parfois ces défenses par procureurs : elles établissent d'ailleurs, dans les relations entre chefs de service, une hiérarchie qui dépend plus de la faveur du ministre que de la valeur des hommes ou de l'importance de leurs fonctions.

Venus avec ordre de faire passer certaines affaires, ils votent nécessairement tous les projets qu'ils présentent; leurs collègues en service extraordinaire du même ministère les suivent à charge de revanche : cela fait souvent la majorité et fausse les avis du Conseil.

Tout chef de service, sans aucune désignation spéciale du ministre, devrait avoir son entrée au Conseil d'Etat, pour défendre les affaires de son service; aucun ne devrait voter.

On a proposé récemment, dans l'intérêt même des services publics, de retenir quelque chose de l'institution actuelle des conseillers d'Etat en service extraordinaire.

On voudrait établir entre le Conseil d'Etat et la haute administration une communication aussi profitable à l'une qu'à l'autre, mais sous une forme nouvelle et avec une portée très différente.

Nous avons reconnu que la vie et le progrès de la France étaient subordonnés à la création d'une force administrative permanente; que cette force administrative devait être réalisée dans la personne de directeurs généraux, véritables chefs des services publics.

Quand ces directeurs généraux, par un exercice suffisant de leurs fonctions, par exemple après trois ans, auraient fait leurs preuves, ils pourraient être rattachés définitivement au Conseil d'Etat.

Le titre de conseiller d'Etat, qui leur serait alors donné par décret en conseil des ministres, ne consacrerait pas seulement leur autorité : il leur assurerait en même temps une garantie de force et d'indépendance pour l'avenir. S'ils cessaient les fonctions à raison desquelles ils auraient été nommés conseillers d'Etat, ils entreraient immédiatement, sans aucune décision spéciale, au Conseil d'Etat et, à partir de ce jour, recevraient le traitement de conseiller d'Etat.

En attendant, ils seraient affectés, suivant leur compétence, à une section, participeraient, avec voix délibérative, dans la mesure où leurs fonctions le leur permettraient, aux travaux de cette section et de l'assemblée générale et viendraient ainsi renforcer encore la compétence pratique du Conseil d'Etat.

Avec cette honorable ligne de retraite, ils conserveraient, dans la gestion du service public, toute la liberté d'esprit nécessaire ; en même temps, le gouvernement serait moins gêné pour faire, dans les hautes fonctions administratives, les mutations qu'il jugerait utiles. Combien de fois un gouvernement a-t-il hésité à remplacer un fonctionnaire qui n'a pas démérité et dont cependant le déplacement paraît opportun, dans l'embarras de savoir comment caser ce fonctionnaire ?

Dira-t-on qu'ainsi on assurerait trop d'indépendance aux chefs de service : n'est-ce pas la condition même d'un bon service public ?

Dira-t-on que le Conseil d'Etat se trouverait alourdi par ces hauts fonctionnaires qui, ayant dû abandonner les fonctions qu'ils exerçaient, en garderaient vraisemblablement quelque amertume et la marqueraient dans leurs avis? Cet inconvénient serait compensé par les avantages que procurerait, au Conseil d'Etat, l'apport de hautes compétences administratives.

Quant à l'accroissement de dépenses, il ne serait pas de nature à arrêter le parlement dans une réforme de cet ordre.

On a fait remarquer qu'il n'est pas question d'attribuer à tous les chefs des grands services le grade de conseiller d'Etat. En limitant ces nominations à une trentaine, en décidant qu'il n'y aurait jamais à la fois plus de trente chefs de service investis du titre de conseiller d'Etat, on donnerait au gouvernement et aux chefs de service des facilités et des garanties suffisantes. Jamais en fait ces trente chefs de service ne reviendraient tous en même temps au Conseil d'Etat. Au moment même où ils y entreraient, d'autres en sortiraient par des nominations nouvelles ou des délégations temporaires; car le gouvernement serait conduit à faire constamment appel à cette réserve d'hommes ayant exercé les plus hautes fonctions.

Cette conception d'une fusion entre la haute administration et les cadres ordinaires du Conseil d'Etat, souvent esquissée depuis plusieurs années, vient de prendre corps dans une proposition de loi.

Elle méritait d'être mentionnée. Si l'on estime qu'elle n'est pas encore au point, elle peut être ajournée. Dans la réforme qui doit mettre le Conseil d'Etat en mesure de remplir sa mission dans une démocratie, le principal est l'appel aux compétences extérieures et la franche substitution du Conseil d'Etat sous la responsabilité de ses présidents, à toutes les commissions qui grignotent l'administra-

tion de la France et dispersent en papiers inutiles
l'activité des fonctionnaires.

2. — LES CONSEILS ADMINISTRATIFS RÉGIONAUX

Dans une organisation rationnelle de l'administration française, dix-huit conseils régionaux rem-
placeraient très utilement les quatre-vingt-six conseils
de préfecture.

Assurément ce n'est pas là une grande réforme,
ni bien neuve : en 1887, M. Fallières, alors ministre
de l'Intérieur, a proposé la suppression des conseils
de préfecture et l'institution de vingt-deux conseils
régionaux ; en 1896, M. Barthou, à son tour ministre
de l'Intérieur, a repris le projet de M. Fallières et
réduit le nombre des conseils régionaux à dix-huit.

Ces projets de loi déposés par des ministres de
l'Intérieur, dont l'un est devenu depuis président de
la République, n'ont eu aucun résultat ; exemple
significatif, entre beaucoup d'autres, de l'impuissance
parlementaire à réaliser les moindres réformes.

Depuis 1875, personne ne défend les conseils de
préfecture ; les ministres de l'Intérieur en demandent solennellement la suppression : trente ans
après le dépôt de leurs projets de loi, pas un seul
conseil de préfecture n'a été supprimé ; le parlement
en est encore à tourner et à retourner en tous sens
une question sur laquelle tout le monde est d'accord.

De nouveaux projets lui sont actuellement soumis.

Souhaitons qu'ils aboutissent cette fois au rempla-
cement des conseils de préfecture par une vingtaine
de conseils régionaux, rattachés au Conseil d'Etat,

recrutés par le même concours, ayant à la fois des attributions de juridiction, d'administration et de réglementation, complétés, pour les attributions d'administration et de réglementation, par des compétences extérieures prises dans la région, sortes de conseils d'Etat régionaux formant le centre et le point d'appui de la future organisation régionale qui, si elle est combinée avec une forte constitution des services publics, peut être une source de fécondité pour la vie de la France.

IV

ORGANISATION DU POUVOIR POLITIQUE

1. — LE JUGEMENT DU NOMBRE SUR L'ACTION DE L'ÉLITE : LE SUFFRAGE UNIVERSEL

Par les conditions de l'élection et la perpétuelle mouvance de la politique, les élus ne peuvent donc être que des contrôleurs ; mais ils doivent être des contrôleurs souverains, si nous voulons rester en république.

La force administrative permanente n'agit que pour le nombre ; son action doit être constamment contrôlée, jugée et au besoin redressée par le nombre.

Souveraineté du peuple, volonté nationale? Ce sont des mots d'autrefois ; disons, plus simplement, opinion publique, opinion moyenne et nécessaire du nombre sur l'action sociale.

Le nombre n'est pas du matériel humain mis à la disposition d'expérimentateurs responsables seulement devant Dieu et leur conscience et poursuivant des fins inaccessibles au commun entendement des hommes.

On gère une nation pour les hommes qui la composent; ils doivent donc être mis constamment en mesure de juger l'action des gérants.

Le pouvoir politique réalise la force du nombre, contrôlant, équilibrant et au besoin redressant la force administrative.

La force administrative est la force d'action et de progrès; c'est elle dont la bonne organisation a le plus d'importance pour la nation; quand elle est établie, le contrôle du nombre sur cette élite devient indispensable; mais ici l'empirisme domine.

Comment donner au nombre le moyen de contrôler, de juger et au besoin de redresser l'action des administrateurs? Par des élections, sans doute; mais par quelles élections?

Quoi de plus empirique qu'une élection! Imprudent qui essaie d'opposer la logique du raisonnement aux traditions, aux habitudes ou aux passions d'un peuple : autant raisonner sur l'amour ou la haine.

Toutefois, du chaos des constitutions et des systèmes politiques, quelques idées générales se dégagent.

Pour cette réalisation de la force politique par l'élection, le suffrage universel s'impose.

Puisque l'élite n'agit que pour le nombre, chacun doit pouvoir faire connaître son jugement sur l'action de l'élite; les plus humbles et les plus malheureux comme les plus fiers et les plus heureux; c'est surtout pour les premiers et parfois contre les seconds que l'élite travaille. La vie du plus malheu-

reux est aussi grande, aussi importante que la vie
du plus heureux ; elle est tout son bien à lui ; elle
mérite autant de soins et de respect ; le plus malheureux et le plus heureux doivent pouvoir dire, tous
deux, à égalité, ce qu'ils pensent de ceux qui ont
la charge de les mener vers une meilleure humanité.

Suffrage universel ; mais alors aussi universel que
possible. Seuls doivent être exclus les incapables, les
indignes et peut-être les oisifs. Resterons-nous donc
les derniers à ne pas permettre aux femmes d'agir
par l'élection sur l'administration de services publics
qui les intéressent autant que les hommes ; et faut-il
citer tous les pays, qui ne sont pas toujours des
républiques, où les femmes votent comme les
hommes ?

2. — LE PARLEMENT

Trop grand nombre des élus. — Quant au
nombre des élus et à l'institution d'une ou de deux
chambres, Jacques Bonhomme ne peut, vraiment
tenir pour parfaite l'organisation politique élaborée
par la Troisième République.

S'il met dix coqs dans une basse-cour où il n'a
de grain et de travail que pour quatre, la basse-
cour est bientôt sens dessus dessous et la ménagère
n'y trouve pas son compte.

Nous avons neuf cent quarante politiques : chacun
d'eux est constamment guetté par de nombreux
rivaux. Ils entretiennent au parlement et dans le

pays une agitation qui trouble la gestion des affaires publiques.

Le grand nombre des hommes politiques ne pourrait être justifié que par le désir de réunir dans un vaste collège beaucoup de concurrents aux hautes fonctions et de les passer au crible des luttes journalières. Mais nous avons reconnu que le recrutement des hautes fonctions publiques devait être poursuivi, en dehors de la politique, par des procédés plus rationnels et plus sûrs que l'élection et que le parlement ne pouvait être que le corps chargé d'exprimer le contrôle souverain du nombre sur la force administrative.

Alors, pourquoi tant de contrôleurs? Ne voit-on pas qu'ils sont ainsi fatalement poussés à se dévorer les uns les autres dans une lutte perpétuelle et sans merci!

On veut entrer au parlement moins pour exprimer l'opinion publique, que pour l'atteindre ou la forcer. Un discours heureux, moins que cela, une répartie, un geste, voilà un homme en lumière; quoi qu'il dise désormais, les journaux lui font place : ceux qui le critiquent le plus ne sont pas ceux qui le poussent le moins.

Si nous avons cinq cent quarante parlementaires de trop pour les fonctions normales du parlement, à quoi ces cinq cent quarante parlementaires en surnombre emploieront-ils leur activité, sinon à tâcher de se hisser aux besognes pour lesquelles les quatre cents autres suffiraient.

On dit qu'ils ne travaillent pas : c'est inexact; ils travaillent au contraire désespérément à attirer l'attention sur eux et à la détourner de ceux qui sont en place. Ceux-ci perdent leur sang-froid quand ils sentent tant de remplaçants agrippés à leurs basques. Cette concurrence enragée n'accroît pas l'utilité et la force du contrôle pour lequel ils ont tous été élus.

Avec quatre cents parlementaires au maximum, un par cent mille habitants en moyenne, la France aurait amplement de quoi assurer le contrôle souverain des affaires publiques, aussi bien dans les provinces qu'à Paris.

A être ainsi ramassée, la force du nombre n'en serait pas diminuée. L'activité de la plupart des parlementaires trouverait à s'employer utilement dans le cadre normal des travaux du Parlement et de ses commissions. Nous aurions moins de partis politiques, de chocs de théories, de rivalités effrénées, de joutes oratoires, d'interpellations, d'intrigues, de séances tumultueuses, peut-être même de séances publiques ; l' « Officiel » serait moins long : qui s'en plaindrait ?

Les deux Chambres et leur recrutement. — Et si tous les élus de la Nation étaient réunis, par un suffrage identique, dans une seule assemblée, l'Assemblée nationale, serait-ce une diminution de la République ?

Un sénat est-il une pièce essentielle dans l'organisation d'une démocratie ?

Il est plus facile d'énumérer tous les services que le Sénat a rendus à la République que d'expliquer pourquoi la Troisième République devait avoir un Sénat.

Chacun sait que les lois, c'est-à-dire les règlements sociaux, les dépenses pour les services publics, les cotisations imposées obligatoirement à chacun pour couvrir ces dépenses, sont arrêtées souverainement par l'accord de la majorité des sénateurs et de la majorité des députés délibérant séparément ; que certaines lois considérées comme plus importantes que les autres, parce qu'elles concernent le régime politique, sont votées par la majorité des sénateurs et des députés délibérant cette fois ensemble.

Chacun sait aussi que les sénateurs doivent avoir quarante ans au moins ; qu'ils sont nommés pour neuf ans, par département, par un collège électoral réuni au chef-lieu du département, comprenant les députés, les conseillers généraux, les conseillers d'arrondissement, les délégués de chaque conseil municipal, au total mille à quinze cents électeurs par département ; que le Sénat se renouvelle partiellement et par tiers, tous les trois ans ; que pour être élu sénateur, il faut obtenir au premier ou au second tour de scrutin, la majorité absolue des suffrages et un nombre de voix au moins égal au quart des électeurs inscrits ; mais que si cette majorité n'est pas atteinte, un troisième tour de scrutin a lieu immédiatement et que celui qui obtient la majorité relative, c'est-à-dire le plus de voix, est proclamé élu.

Chacun sait encore que les députés, qui doivent avoir vingt-cinq ans au moins, sont nommés pour quatre ans, au suffrage universel, par tous les électeurs inscrits dans chaque commune sur les listes électorales, c'est-à-dire par les citoyens âgés de vingt-et-un ans accomplis, ayant dans la commune leur domicile juridique. Perdent le droit de vote les individus frappés de certaines pénalités, les interdits, et les faillis ; en sont privés, dans l'intérêt de la discipline, ceux qui paient le plus cher les erreurs du pouvoir politique, les militaires en activité de service.

L'élection des députés se fait en bloc tous les quatre ans, au scrutin de liste, avec représentation proportionnelle.

Le Sénat est donc élu pour neuf ans, sans représentation des minorités, par soixante-dix mille citoyens environ occupant déjà des fonctions électives ; la Chambre, avec représentation des minorités, par douze millions comprenant en somme tous les citoyens français âgés de plus de vingt-et-un ans.

Ces brèves indications suffisent pour montrer l'empirisme de ces solutions ; il est aussi vain de les critiquer, que de chercher à les justifier au nom des principes.

Notre incertitude sur les attributions respectives des deux Chambres. — Sur les attributions respectives des deux Assemblées et la façon de les composer, les hommes les plus compétents ne s'entendent pas. Voici quarante-cinq ans que nous regardons fonctionner la Chambre et le Sénat, quarante-cinq ans que notre vie nationale paraît suspendue aux attributions de ces Assemblées : dans les matières les plus essentielles, ces attributions ne sont pas encore déterminées avec précision.

Les lois dites constitutionnelles déclarent que « le Sénat a, concurremment avec la Chambre des députés, l'initiative et la confection des lois : toutefois, les lois de finances doivent être en premier lieu présentées à la Chambre des députés et votées par elle. »

Que faut-il entendre par lois de finances ? La loi de finances annuelle, le budget ou toute loi ayant des conséquences financières ?

Même pour les lois de finances votées d'abord par la Chambre, le Sénat a-t-il le droit d'amender ces lois et d'augmenter par exemple les crédits votés par la Chambre ? On n'en sait rien.

Les ministres sont-ils responsables politiquement devant le Sénat, comme ils le sont devant la Chambre ; lorsqu'ils sont mis en minorité devant le Sénat doivent-ils se retirer ?

On n'en sait rien non plus ; les meilleurs auteurs sont en désaccord sur la question et les ministres eux-mêmes soutiennent tantôt une thèse, tantôt l'autre ; tantôt ils affirment qu'ils ne doivent compte de leurs actes politiques qu'à la Chambre ; tantôt ils posent la question de confiance devant le Sénat et parfois même en des matières économiques, pour lesquelles on pourrait estimer qu'en tout état de cause, il n'y aurait pas lieu de poser la question de confiance.

Les systèmes de scrutin. — Quant à la façon dont sont recrutés les sénateurs et les députés, nous sommes encore plus loin de nous entendre. Aucune autre condition que celle de l'âge n'est exigée des sénateurs et des députés ; car on ne peut vraiment considérer comme une condition de capacité qu'ils n'aient pas été condamnés par la justice de leur pays, qu'ils ne soient pas interdits et, s'ils sont commerçants, qu'ils n'aient pas fait faillite.

Le mode de scrutin a donné lieu à d'interminables controverses.

Pendant des années, les hommes les plus éloquents de la Chambre ont démontré les imperfections du scrutin d'arrondissement ; au lendemain même des élections qui avait assuré leur triomphe, ils criaient sur les toits que le recrutement de la Chambre se faisait par des procédés dignes de la mentalité d'un Papou.

Nous savions tous que l'arrondissement de Barcelonnette, avec 3.000 électeurs, avait droit à un député, et que le premier arrondissement de Nantes, avec plus de 30.000 électeurs, n'avait droit également qu'à un seul député ; que le total des voix obtenu par tous les élus de la Chambre n'atteignait pas la moitié du total des électeurs inscrits ; que, par conséquent, la majorité des électeurs et il ne s'agissait que des hommes, n'était pas représentée à la Chambre des députés.

Quand on prenait le total des suffrages obtenus par les votants des lois les plus importantes, on s'apercevait parfois qu'elles avaient été imposées aux Français par le cinquième ou le sixième seulement des électeurs inscrits. Que devenait la fiction de la volonté nationale ?

Après des discussions interminables, nous avons été dotés d'un système de scrutin qu'on assurait plus parfait et nous avons maintenant dans la même circonscription des candidats élus avec 19.000 voix, tandis que d'autres ne le sont pas avec 160.000 voix.

Le mouvement pour la création d'une chambre professionnelle. — Pour le Sénat, les uns regrettent qu'il émane d'un suffrage aussi restreint et demandent qu'on étende la base électorale ; d'autres, et non seulement des publicistes, mais des hommes d'État et parfois les plus hautes autorités estiment que pour donner toute sa valeur à l'institution des deux Chambres, il faut composer le Sénat par des procédés différant complètement de ceux qui sont adoptés pour la formation de la Chambre des députés, par exemple concentrer dans le Sénat, ou tout au moins y mêler la représentation des intérêts professionnels de France.

Une Assemblée politique ne peut pas avoir deux origines, le suffrage d'une part, la compétence professionnelle d'autre part et il est impossible de soumettre les votes des élus de la nation au contrôle des représentants des intérêts professionnels.

L'idée d'avoir une assemblée représentant l'ensemble des intérêts professionnels de la France est cependant depuis longtemps en gestation.

Mais si nous avons une assemblée professionnelle, ce doit être une première chambre de préparation des lois, des mesures générales économiques et financières, un conseil du travail national, traduisant sous une forme régulière et permanente les aspirations et les vœux de l'ensemble du travail français, mais n'ayant pas de pouvoirs de décision définitive et entièrement subordonné à l'assemblée nationale élue au suffrage universel, qui seule peut exprimer le contrôle souverain et le jugement du nombre.

Dans ces limites, une chambre professionnelle peut être utile ; sans vouloir en tracer les cadres, on aperçoit bien comment on pourrait la composer, de façon qu'elle représente, à la fois, les professions libérales et intellectuelles, la puissance patronale du commerce et de l'industrie et le monde du travail manuel.

Une chambre professionnelle ainsi composée, au total de cent cinquante membres environ, rendrait les plus grands services au pays, discuterait et préparerait les mesures législatives nouvelles intéressant les différentes professions de France, assurerait la collaboration des trois ordres, contribuerait, par ses délégués dans les comités techniques des services publics, à la bonne gestion de ces services et préviendrait bien des difficultés.

Pourquoi un Sénat? — Et si nous avions cela qui pourrait être réalisé demain, sans crédits, car une telle chambre n'aurait pas d'allocations, sans modification aucune de la constitution, car elle pourrait n'être d'abord qu'une stabilisation et une concentration de tant de commissions et de comités dus généralement à l'initiative du gouvernement, parfois à celle des particuliers et où se consument inutilement tant de bonnes volontés, aurions-nous encore besoin d'un Sénat?

Le Sénat représente une somme d'expérience considérable. Comment en serait-il autrement? A eux tous, ces hommes vénérables ont plus de dix-huit mille ans.

Sans doute le suffrage restreint contrôle et corrige les mouvements du suffrage universel ; en retardant les lois, il les a souvent améliorées ; en les ajournant indéfiniment, il a parfois rendu service.

Mais n'est-ce pas la critique du suffrage universel qu'on fait là ? Le conflit latent et permanent qui existe entre les deux assemblées, qui peut toujours se manifester sous une forme aiguë, est-il un régime sain et normal pour une démocratie ? Une démocratie a-t-elle besoin, au-dessus de l'assemblée nationale, d'une chambre supérieure des pairs ou des impairs du suffrage universel, puisqu'à tout prendre le Sénat recueille aussi souvent ceux que le suffrage universel a rejetés, qu'il va rejeter, ou dont il n'aurait jamais voulu, que ceux qu'il a distingués?

Est-il utile pour elle que deux politiques différentes puissent s'instituer et se poursuivre, prétendant toutes les deux traduire l'opinion de la nation, celle du suffrage restreint dominant et pouvant paralyser celle du suffrage universel?

Est-ce un avantage pour une nation que, dans la guerre comme dans la paix, à l'extérieur comme à l'intérieur, deux assemblées politiques prétendent chacune exprimer ce que pense la nation; que les ministres soient constamment appelés à fournir, deux fois et pas toujours avec concordance, des explications sur leurs actes devant deux assemblées et les commissions de ces assemblées?

Est-ce une condition de bon travail, de netteté, de grande politique extérieure et intérieure?

On parle beaucoup de l'expérience des vieillards : est-ce, pour une jeune démocratie, une condition de progrès d'avoir une assemblée de vieillards?

Si l'on pense que l'élection à deux degrés donne des résultats supérieurs à l'élection directe et que le Sénat vaut mieux que la Chambre parce qu'il est élu par des élus, appliquons l'élection à deux degrés à la Chambre elle-même.

Mais si nous croyons que l'assemblée qui exprime le jugement et la force du nombre doit être élue au suffrage universel, pourquoi vouloir, après coup, corriger le suffrage du nombre par le suffrage restreint?

Ramenons les élus du nombre à la juste appréciation de leur rôle : ils sont le pouvoir politique ; ils sont la force politique ; à eux le contrôle souverain de toutes les affaires publiques : ou sans cela nous ne serions plus en République ; mais ils ne sont pas toute la nation, toute la République ; ils ne sont même pas toute l'opinion publique.

Associons-nous de toutes nos forces aux tentatives faites pour élargir et régulariser le suffrage, pour améliorer le recrutement des élus ; ne nous imaginons pas qu'un suffrage, si perfectionné qu'il soit, nous donnera des surhommes ; surtout, ne leur demandons pas d'être ce qu'ils ne pourront jamais être, les administrateurs effectifs de nos services publics, parce que c'est en contradiction avec l'élection ; leur besogne est déjà bien assez grande.

Fonctions des élus du peuple : le budget ; le contrôle des services publics ; la loi. — Les élus du peuple doivent arrêter le budget, contrôler les services publics, fixer les lois.

D'abord et avant tout le budget annuel ; c'est la grande affaire, celle qui remet chaque année en question le fonctionnement des services publics.

A propos du budget, le parlement revoit en détail chaque année tous les services publics ; il peut apporter les modifications qu'il juge désirables.

Un parlement qui se bornerait à discuter et à voter avec un soin extrême le budget et à surveiller le fonctionnement des services publics, sans faire autre chose, aurait déjà rempli la fonction essentielle du parlement.

En dehors du vote du budget, le parlement doit

constamment suivre la gestion de tous les services
publics; non pas sous la forme d'interpellations
retentissantes qui procurent plus de notoriété à l'in-
terpellateur que d'amélioration au service public,
mais par le contrôle vigilant de ses commissions,
pour lesquelles, à maintes reprises, les parlementaires eux-mêmes ont réclamé l'outillage nécessaire
et qui devraient être en contact permanent et régu-
lier avec les services publics et le Conseil d'Etat.

Les philippiques qui dénoncent à grand fracas les
vices des services publics n'ont généralement aucun
effet. A tout instant quelqu'un monte à la tribune et
dit : « L'an dernier à pareil jour j'ai demandé que
les terres fussent mieux cultivées, que les bœufs
augmentent de poids et que nous ayons deux fois
plus de cochons. Voyez, c'est écrit au *Journal officiel*, rien n'a été fait : c'est la faute de la bureaucratie; détruisons la bureaucratie. » Applaudisse-
ments, parfois affichage; ce tour grossier réussit
presque toujours; ce n'est pas là du contrôle.

Les commissions permanentes du parlement
peuvent, sans tant de bruit, faire beaucoup plus de
besogne; ce n'est un mystère pour personne qu'elles
ont rendu pendant la guerre des services signalés.

Enfin, les élus de la nation doivent fixer les lois.

La loi n'est plus pour nous un ensemble de prescriptions divines ou quasi-divines : elle n'est que l'expression infaillible et imparfaite de la commune opinion
moyenne des citoyens sur les règlements sociaux
nécessaires à chaque époque de la nation. Telle
qu'elle est, cependant, elle est la loi, la règle commune de la vie sociale : elle ne peut être arrêtée définitivement que par les élus de la nation.

Mais les élus ne doivent pas croire qu'ils sont

tenus constamment de faire des lois nouvelles et
d'élaborer perpétuellement un état social nouveau :
le parlement n'est pas une usine à lois; son mérite
ne se mesure pas à la grosseur du Bulletin des Lois.

Depuis plus de cent ans et même seulement en
prenant celles de la République, depuis cinquante ans
qu'on fait ainsi des lois à tour de bras, à quel prodigieux état de perfection sociale ne serions-nous pas
parvenus si les lois avaient tant d'efficacité !

La faculté de légiférer, sans aucune préparation,
sur tout, à propos de tout, donnée à tous les élus,
engendre une quantité de papiers où se gaspille une
activité qui pourrait être plus sagement employée.

La faculté d'élaboration des lois nouvelles devrait
être limitée et réglementée.

Même en matière législative, on peut penser que
la besogne principale des élus de la nation devrait
être avant tout une besogne de coordination et de
contrôle, plutôt que de création.

Si un mouvement général de l'opinion réclame
une loi nouvelle, ou une modification profonde aux
lois anciennes, il faut réserver au parlement la possibilité de prendre l'initiative de cette loi ou de cette
modification. Encore faudrait-il s'assurer que ce
prétendu mouvement d'opinion ne part pas du parlement lui-même ou de quelques cervelles parlementaires en ébullition.

Pour les cas ordinaires, il serait prudent de chercher en dehors du parlement la première expression
de cette opinion publique et de réserver au parlement seulement le contrôle et la sanction.

Ici, une première chambre composée des délégués
des divers intérêts professionnels de la France, sans
pouvoirs politiques autres que cette étude et cette

préparation des lois nouvelles, serait particulièrement utile.

Cent cinquante délégués des corporations intellectuelles, patronales et ouvrières de France, nommés d'abord au besoin par le gouvernement sur des listes de présentation dressées par ces associations, seraient plus aptes à formuler des propositions pour la modification des règlements sociaux, ou à examiner en premier lieu les modifications demandées par les chefs des services publics, que chacun des six cent trente députés et des trois cent dix sénateurs.

Les avant-projets élaborés par la chambre professionnelle seraient ensuite communiqués pour avis au Conseil d'Etat, complété par des compétences extérieures.

Sur ces avant-projets, accompagnés de cet avis, l'Assemblée nationale statuerait souverainement et en toute liberté : la loi exprimerait alors le jugement réfléchi de la nation après étude d'un dossier sérieusement préparé et non des improvisations dans le tumulte des séances.

3. — LES MINISTRES, LEUR RÔLE

Dans cette organisation du pouvoir politique, les ministres sont les délégués de la nation au contrôle des services publics : ils sont les représentants suprêmes de la force du nombre; ils doivent en toute circonstance pouvoir formuler souverainement sur la gestion des services publics, le jugement du nombre.

Ils doivent être pris dans le parlement. — On ne peut donc concevoir facilement qu'ils soient choisis ailleurs que parmi les élus du nombre.

Tous les ministres devraient être pris, en principe, dans le parlement; quand on va les chercher en dehors du parlement, on se jette dans les difficultés.

Elles ont apparu à l'origine même de nos assemblées élues. La Constituante fit une sottise lorsque, par haine de Mirabeau, elle exclut les députés du ministère : immédiatement l'hostilité entre l'Assemblée et les ministres s'exaspéra; le cours de la Révolution aurait probablement changé si, conformément à la logique, les ministres qui tirent leurs fonctions de la confiance de la nation, à travers le parlement, avaient été pris dans l'Assemblée.

On va chercher les ministres en dehors du parlement, sous prétexte de prendre des compétences; c'est encore parce qu'on attend du ministre autre chose que ce qu'il peut faire raisonnablement.

Un bon ingénieur peut être un médiocre ministre des Travaux publics s'il prétend tout administrer lui-même et substituer partout ses propres conceptions à celles de ses chefs de service; car il en saura toujours moins sur chaque point que ceux qui sont à pied d'œuvre. Par contre, un médecin doué de bon sens et d'application peut être un très bon ministre des Travaux Publics s'il se borne à contrôler avec soin tous ses services, à se faire donner les raisons des erreurs qu'il remarque ou qu'on lui signale et à exiger que ces erreurs soient immédiatement corrigées.

Les compétences exceptionnelles qu'on va chercher parfois à l'extérieur du parlement se chargent elles-mêmes de démontrer que les ministres doivent être pris dans le parlement.

D'excellents administrateurs nommés directement ministres ne l'ont pas caché : immédiatement le terrain leur manquait sous les pieds ; même dans les services où ils étaient passés maîtres, s'ils voulaient continuer à faire cette besogne d'administrateur dont les succès les avaient promus ministres, ils commençaient à tout désorganiser.

N'étant pas toujours nés philosophes, ils ne décoléraient pas et s'en prenaient à tous. Prenez-vous-en à vous-mêmes, messieurs les ministres, qui, élevés à des fonctions qui intellectuellement et même physiquement ne peuvent être que des fonctions de contrôleur, voulez faire encore des besognes d'administrateur.

Aussi, invinciblement, tout administrateur nommé ministre tend à rallier la politique. On l'a mis là pour qu'il puisse aborder les affaires publiques, sans préoccupations électorales ; à peine y est-il, qu'il ne pense plus qu'à être élu ; tout le ministère est tenu de songer à l'importance qu'un certain département peut avoir sur les destinées du ministre et du pays.

Peu de mois après, la France apprend que le nouveau ministre brigue un siège de sénateur ou de député et qu'il veut faire ratifier par le suffrage du nombre, l'investiture qui lui a été donnée pour sa compétence supposée.

S'il ne fait pas cela, il a l'impression de rester un phénomène, un numéro dépareillé dans les collections ministérielles et dans les équipes empressées des serviteurs de la démocratie, un pauvre extra sans passé, sans avenir.

Le nombre des ministres. — Combien de ministres nous faut-il ?

Comment cette question essentielle n'est-elle pas résolue, une fois pour toutes, après mûre délibération ; comment l'abandonnons-nous aux tractations des combinaisons ministérielles ?

Le nombre des ministères, le groupement des services publics par ministère dépendent de cette première organisation rationnelle de chaque service public qu'on ne doit pas se lasser de réclamer.

Quand on aura délimité avec soin le domaine de chaque service public et groupé les services publics qui ont des affinités, les dix ou douze ministères nécessaires à un grand pays comme la France apparaîtront immédiatement.

On peut, suivant les circonstances, fractionner plus ou moins ces groupements de services ; on ne voit pas généralement que la force d'un ministère soit en proportion du nombre des ministres : les Conseils des ministres se transforment en commissions et n'y gagnent pas aux heures où il faut arrêter la politique intérieure ou extérieure.

4. — LES SOUS-SECRÉTAIRES D'ÉTAT

Si les intérêts de cette politique commandent que le nombre des ministres soit aussi réduit que possible, que chacun d'eux soit vraiment une force intellectuelle pour la France, par contre le contrôle constant des services publics peut être insuffisamment assuré par un ministre réunissant sous ses ordres un trop grand nombre de services publics.

On y pourvoit par l'institution de sous-secrétaires d'Etat.

Là encore, que d'arbitraire : tantôt il y a des sous-secrétaires d'Etat, tantôt il n'y en a pas ; tantôt ils ont certains services, tantôt ils en ont d'autres ; tantôt ils ont entrée au Conseil des ministres, tantôt ils n'y ont point entrée ; tantôt ils rendent, au moins de temps en temps, compte au ministre, sous l'autorité duquel ils sont placés ; tantôt ils ne le voient jamais et n'en font qu'à leur tête. Les uns sont des sortes de ministres de seconde classe, les autres de véritables directeurs généraux d'un service public déterminé, avec pouvoirs à peu près absolus et presque pas de contrôle ; comme ils ont été choisis à l'heure enfiévrée des combinaisons ministérielles, parfois sur un discours heureux, parfois sur les indications favorables des camarades, parfois pour moins encore, ils remplissent en général assez mal ces fonctions de directeur dans lesquelles ils n'apportent ni compétence réelle, ni permanence.

Entre ces hommes pourvus ainsi, sous le même titre, de situations si diverses, quelque chose cependant établit l'uniformité : ils ne tiennent pas à ce titre de sous-secrétaire d'Etat ; aucun ne sourcille quand les huissiers et les gens des bureaux leur donnent du « monsieur le ministre » par la figure.

Tout cela, pourtant, n'est pas de la fantaisie : l'institution des sous-secrétaires d'Etat pourrait être fort utile, si elle était organisée.

Tout d'abord, ils ne doivent avoir aucuns pouvoirs propres autres que ceux qui leur sont expressément délégués par le ministre sous l'autorité duquel ils sont placés ; ils doivent agir constamment sous l'autorité et la responsabilité de ce ministre. C'est pour lui, pour son compte, qu'ils contrôlent certains services publics. S'ils ont des difficultés avec les directeurs généraux de ces services, c'est lui qui doit trancher ces difficultés et tracer les lignes générales de leur action ; ils sont ses subordonnés ; par conséquent c'est lui seul qui doit les choisir et les remplacer s'il y a lieu ; ils sont responsables devant lui de la part de contrôle qu'il leur a confiée ; c'est lui seul qui devant le parlement et la nation doit assumer les risques de cette responsabilité.

Mais un ministre ne doit pas avoir la faculté de créer ou de ne pas créer à sa guise des sous-secrétaires d'Etat. Là aussi le raisonnement doit dominer et dicter une organisation stable. On ne fait pas des sous-secrétariats d'Etat pour donner satisfaction, à moindres frais, aux ambitions secondaires ; on doit faire des sous-secrétariats d'Etat pour faciliter un contrôle nécessaire d'après un plan rationnel de répartition et de groupement des services publics.

Aucun des sous-secrétaires d'Etat ne doit avoir entrée au Conseil des ministres ; chacun d'eux travaille pour le compte du ministre responsable, qui, par conséquent, doit seul le choisir ; eux aussi doivent être pris dans le parlement et par cet utile apprentissage se préparer aux fonctions de ministre.

5. — LA NÉCESSITÉ D'UNE PRÉSIDENCE DU CONSEIL SANS PORTEFEUILLE

Quel que soit le nombre des ministres, dans une organisation rationnelle, le président du Conseil ne doit pas assumer la gestion spéciale d'un ministère.

Il doit être le véritable chef du gouvernement; il doit diriger effectivement tout le gouvernement, surveiller constamment la gestion des différents ministres, se tenir prêt à conférer à tout instant sur chaque affaire, avec chacun d'eux; contrôler leur action, mettre de l'unité dans leurs vues et faire prévaloir au besoin les siennes sur les leurs.

Au moment de la constitution du ministère, il a choisi des lieutenants; il n'a pas délégué à des pairs une autorité à peu de chose près égale à la sienne; il est leur capitaine, non leur avocat; le chef du gouvernement et non le président d'une commission. S'il doit être cela, si, à tout instant il doit être prêt à porter son effort sur tel ou tel département ministériel, à travailler au besoin toute la journée avec le titulaire de ce département, reconnaissons que, quels que soient son génie et sa puissance de travail, il ne peut pas à la fois diriger ainsi toutes les affaires de la France et contrôler utilement l'un des ministères.

Les services de la présidence du Conseil. — Demandons un président du Conseil qui puisse librement donner toute son activité, toute son énergie au gouvernement de la France et qui ne soit plus contraint de les user dans les détails d'un service déterminé; mais alors ne croyons pas que pour préparer cette action supérieure, quelques vagues attachés de cabinet, choisis au hasard de ses préférences, suffiront. Donnons-lui les instruments permanents de travail nécessaires; un service d'administration générale; un service de législation; un

service de presse; un service de statistique générale et rattachons à la présidence du Conseil, le
Conseil d'Etat et les Conseils régionaux.

6. — LE CONSEIL DES MINISTRES : NÉCESSITÉ D'UNE PROCÉDURE POUR SES DÉLIBÉRATIONS

Toute une procédure qui n'a jamais été examinée
publiquement doit être arrêtée pour les délibérations
et les décisions du Conseil des ministres.

Nous lisons, deux ou trois fois la semaine, qu'on
a réuni le Conseil des ministres : notre sort, la vie
de nos enfants peuvent dépendre des décisions qu'on
y prend.

Comment prend-on ces décisions ?

Chaque ministre est-il maître dans ses affaires et
s'il est en désaccord avec ses collègues, le président
du Conseil tranche-t-il le désaccord ?

Vote-t-on au contraire comme dans une Commission? La majorité peut-elle se faire contre le ministre
compétent et le Président du Conseil; les ministres
de l'Agriculture, du Commerce, des Colonies, du
Travail, de l'Instruction publique peuvent-ils obliger
ainsi le ministre de la Guerre à des opérations qu'il
désapprouve ou celui des Affaires étrangères à des
arrangements qu'il condamne?

Pourquoi ne reste-t-il aucune trace de ces délibérations et de ces décisions? Des troubles de mémoire
n'amènent-ils pas parfois, à propos des questions
les plus graves, des discordances fâcheuses?

Comment tout cela se passe-t-il? Nous n'en

savons rien ; d'autres qui devraient être plus informés que nous n'en savent rien non plus.

Tout cela n'a jamais été réglé et ne nous laissons pas dire qu'il y a des traditions : il n'y a pas même des habitudes.

7. — LE PRÉSIDENT DE LA RÉPUBLIQUE

A cette perpétuelle mouvance de la force politique dans la République, un point d'appui, un centre est nécessaire : c'est la Présidence de la République.

La force politique gravite autour d'elle; à certaines heures, la Présidence de la République est la seule expression de cette force.

Ici encore, dans notre organisation politique, l'empirisme a dominé. Jusque pour la durée, aucune raison satisfaisante de la solution adoptée. Le septennat, illustré dans la Bible par les jours de la création, les plaies d'Egypte et les longues fiançailles du résigné Jacob, n'appartient chez nous qu'au Président de la République, en vertu d'une transaction imaginée par M. de Mac-Mahon : il aurait tout aussi bien pu demander neuf ans comme les sénateurs.

Pendant ces sept ans, l'élu du Congrès est en dehors et au-dessus des partis : il reste cependant le symbole de la force politique, de la force du nombre.

Ses attributions législatives. — D'après la constitution de 1875, il promulgue les lois, il convoque les Chambres, il peut les ajourner, leur adresser des messages, exiger une deuxième délibération, dissoudre la Chambre avec l'assentiment du Sénat.

Ces attributions tiennent de la place dans la constitution et prêtent à discussion, dans les traités spéciaux; elles sont plus théoriques que pratiques.

Le Président ne peut refuser de promulguer les lois.

Aux termes mêmes de la constitution, les Chambres sont réunies obligatoirement au moins cinq mois chaque année; elles peuvent siéger en session extraordinaire sur la demande de la majorité. En fait, le système parlementaire impose une demi-permanence et les Chambres n'ont que des vacances.

Le message présidentiel convient aux épithalames et aux testaments de la politique : c'est de la littérature excellente; ce n'est que de la littérature.

Quelle que soit l'autorité d'un homme, la demande d'une seconde délibération serait un vain geste : cette mise à la retenue ferait revoter par acclamation les lois les plus discutées. Le Président pourrait-il chercher dans cette seconde délibération un moyen légal d'obstruction, par exemple la possibilité de retarder une loi qu'il n'apppouve pas? Ce croc-en-jambe, qui ne réussirait pas, sans doute, serait peu conforme à l'esprit de notre constitution.

Quant au droit de dissolution, l'unique expérience que nous en avons faite, depuis quarante-cinq ans, n'a laissé de bons souvenirs à personne, ni à ceux qui l'avaient provoquée, ni à ceux qui devaient en être les victimes.

Les droits attribués au Président de la Répu-

blique, vis-à-vis du parlement, tendent à le mettre
en opposition avec la force politique : c'est un non-
sens dans notre démocratie. Comment un républicain pourrait-il admettre que le Président de la
République, avec un président de Conseil complai-
sant et la majorité des élus du suffrage restreint,
puisse brimer les élus du suffrage universel ?

Enfin le Président signe les règlements d'administration publique : ces règlements sont élaborés
par l'administration, en vertu d'une procédure qui
fait intervenir tous les éléments de l'administration
et tous les corps de métiers. Préparés par les administrateurs, approuvés et signés par les ministres,
révisés par le Conseil d'État, discutés par les représentants des ministres en section et en assemblée
générale du Conseil d'État, signés à nouveau et
souvent alors même révisés par le ministre, ils sont,
après ce travail, considérés sinon comme parfaits,
au moins comme définitifs. On ne voit pas comment
le Président pourrait exercer son action utilement
dans la circonstance ? Il ne pourrait, de sa propre
autorité, corriger le règlement; il ne pourrait le
faire qu'avec l'assentiment du ministre, lequel
devrait, le plus souvent, remettre en mouvement
toute la procédure. Ici, la signature du Président
n'est et ne peut être qu'un paraphe.

**Les attributions administratives : leur
importance.** — Mais ses autres attributions ont
beaucoup plus d'importance.

Le Président de la République nomme à tous les
emplois civils et militaires; il négocie et ratifie tous
les traités; il dispose de la force armée; il préside

le Conseil des ministres ; il représente la France dans l'intérieur du pays et à l'étranger.

Il nomme à tous les emplois civils et militaires.

Tout de suite nous apercevons que cette affirmation de la constitution est trop absolue. En fait, les lois ou les règlements ont prévu un autre mode de nomination pour tous les fonctionnaires inférieurs. Nous demandons même, dans l'intérêt des services publics, que ces fonctionnaires soient nommés partout directement et sans aucune intervention politique, par les directeurs généraux des services publics.

Mais tous les fonctionnaires supérieurs sont nommés par décret du Président de la République.

En cette matière, comme en toute autre, il n'agit qu'avec le contre-seing d'un ministre. Ne nous trompons pas sur le mot : contresigner ; il semble indiquer que le ministre ne fait qu'authentiquer et que le Président a l'initiative : ce serait le sens grammatical du mot : contresigner, « signer un acte en vertu des fonctions qu'on exerce, après que celui dont cet acte émane y a lui-même apposé sa signature. »

Ici, toute l'initiative est au ministre ; le contrôle reste au Président.

Les décrets de nomination soumis au Président portent toujours la signature d'un ministre. Dire que le Président nomme est donc inexact : il peut plutôt refuser de nommer ou de révoquer, car tout ce qu'on peut dire de la nomination s'applique à la révocation.

En fait, presque toutes les nominations importantes sont examinées au Conseil des ministres, et le ministre qui soumet à la signature du Président un décret nommant un fonctionnaire supérieur ne fait que demander au Président de sanctionner le résultat explicite ou implicite d'une délibération du Conseil des ministres.

Rien, constitutionnellement, n'oblige le Président à signer cette nomination sans examen et sans discussion.

Alors, diront les ministres, ce n'est plus nous qui nommerons les fonctionnaires supérieurs? Où voyez-vous, ô ministres, dans la constitution, que vous nommiez à tous les emplois? La constitution dit exactement le contraire; nous la modifions déjà, en réduisant l'intervention du Président à un simple contrôle.

En réalité, cette combinaison d'une proposition faite par le ministre et d'une sanction réfléchie donnée à l'initiative du ministre par le Président serait profitable à la bonne organisation des services publics.

C'est surtout pour la nomination et la révocation des quatre-vingts principaux chefs des services civils que cette intervention active du Président de la République aurait la plus grande utilité.

Représentant au-dessus et au delà des ministères la force politique qui doit dominer la force administrative, le Président de la République assurerait, dans la nomination comme dans la révocation des directeurs généraux, les garanties que nous sommes en droit d'exiger.

Connaître ces quatre-vingts chefs de service, suivre leur carrière et leur action, les appuyer au besoin contre les passions politiques et à travers les perpétuels changements de ministères, maintenir une certaine constance de vues dans cette constitution de l'élite des services publics, est-ce donc une besogne inutile au pays ou supérieure aux forces du Président de la République?

En l'investissant de la nomination de tous les fonctionnaires, la constitution lui impose expressément l'obligation de ce contrôle ; en le dotant généreusement, nous lui avons fourni le moyen de s'acquitter de cette obligation.

Actuellement, sans qu'aucune raison valable puisse être donnée, le Président de la République n'exerce pas les pouvoirs que la constitution lui attribue, en ce qui concerne la nomination des fonctionnaires, même en réduisant ces pouvoirs par application des principes du régime parlementaire.

Si nous avions une organisation rationnelle des services publics et des directeurs généraux investis d'attributions étendues, l'intervention active du Président de la République dans la carrière des directeurs généraux serait encore plus nécessaire : c'est à l'Elysée et sous l'autorité du Président que se ferait, pour le plus grand bien du pays, la conjonction de la force politique et de la force administrative.

Il est toutefois une catégorie de fonctionnaires, les premiers, après lui, dans la hiérarchie, dans la nomination desquels le Président intervient dès maintenant directement et effectivement : ce sont les ministres.

La constitution ne lui a pas conféré expressément le pouvoir de nommer les ministres : il ne les nomme qu'en vertu de son droit général de nomination de tous les fonctionnaires ; mais, à l'inverse de ce qui se passe pour tous les autres fonctionnaires, son initiative s'exerce ici dans une mesure beaucoup plus large qu'on ne le croit généralement.

La Chambre vient de renverser un ministère. Quand même l'indication aurait été nette, en ce qui concerne la politique à suivre et qui oserait prétendre que ce soit généralement le cas, jamais l'indication n'est nette en ce qui concerne les gens par qui la majorité des députés désire voir appliquer cette politique ; elle ne peut pas l'être : il y a trop de candidats.

Après les consultations d'usage, entre tant d'avis divergents, le Président garde, en fait comme en droit, une très grande latitude de choix ; plus d'une fois il a mis tous les conseilleurs d'accord en désignant un candidat auquel ils ne songeaient guère. On ne voit pas, dans notre démocratie, par quel autre que lui, ce choix du chef du gouvernement pourrait être fait utilement.

Quand, par son libre arbitre, il a ainsi désigné le personnage chargé de former le nouveau ministère, assurément il s'efface ; l'autre entre en scène, et court la ville en quête de collaborateurs. Mais qui ne sait que le Président influe encore très souvent sur le choix de ceux-ci ?

Lorsqu'il fait appeler le futur chef du nouveau cabinet, un premier échange de vues a lieu sur les quatre ou cinq personnages qui pourraient être les pivots de la combinaison. A cet instant, où le sentiment des responsabilités se mêle à l'orgueil d'une désignation flatteuse, le nouveau président du Conseil accepte volontiers les avis et même sollicite les conseils de l'homme qui l'appelle à gouverner la France.

Lorsqu'il s'est entendu avec ces quatre ou cinq personnages, les journaux mentionnent qu'il va rendre compte du résultat de ses négociations au Président de la République et accepte définitivement la mission que celui-ci lui a confiée.

Les titulaires de la moitié des portefeuilles sont encore à désigner. Les publicistes appellent cette seconde fournée les bouche-trous et prétendent qu'on consulte parfois l'Annuaire.

Ami de l'Elysée n'est pas alors un titre sans conséquence ; une désignation ou une objection faite par le Président de la République peuvent déterminer les choix et par conséquent la politique du nouveau ministère ; ces bouche-trous forment parfois la majorité dans le ministère ; les affaires qu'ils ont à diriger ne sont pas les moins importantes.

Ainsi, avant de signer la nomination des nouveaux ministres, le Président a désigné, dans la plénitude de sa liberté constitutionnelle, le premier ministre de qui tous les autres dépendent, et participé souvent très efficacement à la désignation de ceux-ci.

Sans doute, il ne peut le faire que dans le sens général marqué par le parlement et avec la perspective de voir les nouveaux ministres promptement jetés par terre, s'il tournait le dos à cette orientation.

Mais après tout, il recommencera son choix et jamais ce choix ne sera assez limité pour qu'on puisse dire qu'il lui est imposé. N'eût-il à choisir qu'entre deux personnages totalement différents d'origine, de talent, de tendances, de caractère, de moralité, que sa responsabilité serait déjà très lourde.

Or, c'est entre beaucoup de personnages, dont

chacun a ses qualités et ses défauts, qu'il peut choisir discrétionnairement.

Rien ne peut l'obliger à prendre un homme qu'il sait taré, léger ou sans culture véritable.

Il peut, s'il le veut, écarter définitivement du ministère ceux dont l'ambition ne lui paraît justifiée ni par le mérite, ni par l'honnêteté.

En sens inverse, il peut appeler, il a appelé des gens presque inconnus ou d'autres dont la nomination fut d'abord accueillie avec étonnement.

Il serait donc tout à fait inexact de considérer le Président de la République comme l'enregistreur automatique des velléités de la Chambre des députés.

L'homme qu'il nomme premier ministre, il le choisit bien et il le choisit non pas, malgré la solennité de toutes les proclamations qui se ressemblent, pour exécuter un plan déterminé, mais pour gouverner la France, avec tout ce que cette tâche glorieuse comporte de puissance, de prestige, d'entraînements et de transformation dans les idées.

Combien de fois avons-nous vu des hommes qui se croyaient désignés pour exécuter un certain programme l'abandonner presque immédiatement et pousser le pays vers des réformes auxquelles il ne songeait pas, tandis que d'autres, tournant le dos à leurs anciens compagnons, cherchaient leur majorité dans la coalition de leurs anciens adversaires.

Dans ce mouvant milieu, rien n'est stable que les qualités d'intelligence, d'énergie et de droiture des hommes : c'est la principale chose intéressante pour nous.

A l'heure où il désigne le président du Conseil, le Président de la République fixe la volonté incertaine et flottante du nombre ; il choisit, au nom de

la nation, le plus digne de gouverner ; il résume et
réalise la force politique.

En ce grave instant, il est vraiment le maître de
notre destin.

« Le Président de la République dispose de la
force armée ».

Cela veut dire qu'en temps de guerre, il pourrait
lui donner des ordres et même au besoin la commander.

La constitution de 1848 stipulait qu'il ne pourrait
jamais la commander. Cette réserve figurait explici-
tement dans les projets de constitution de 1875 : sur
la demande expresse du maréchal de Mac-Mahon,
elle fut supprimée et remplacée par la disposition
actuelle.

Il n'est donc pas douteux qu'en temps de paix le
Président a le droit strict de donner des ordres aux
troupes et qu'il pourrait même, en temps de guerre,
prendre le commandement général des armées.

Cela ne l'oblige pas à monter à cheval et à
prendre effectivement le commandement ; mais cela
lui permet assurément de suivre de très près l'organisation générale de l'armée, les plans de campagne
et puisqu'il incarne la force politique du nombre,
d'être présent, à l'heure du destin, où ce nombre doit
verser son sang à flots.

« Le Président négocie et ratifie tous les traités ;
il en donne connaissance aux Chambres aussitôt que
la sûreté de l'Etat et l'intérêt public le permettent ».

Les traités de paix, de commerce, les traités qui
engagent les finances de l'Etat, ceux qui sont rela-
tifs à l'état des personnes et au droit de propriété

des Français à l'étranger ne sont définitifs qu'après avoir été votés par les deux Chambres.

Nulle cession, nul échange, nulle adjonction de territoire ne peuvent avoir lieu qu'en vertu d'une loi.

A peu près tous les traités qui concernent les intérêts matériels de la nation sont prévus par cette énumération ; mais non ceux qui touchent à son existence même et qui visent, par exemple, ses alliances offensives ou défensives. Ces traités, les plus graves de tous, le Président, assisté du ministre des Affaires étrangères, peut, aux termes de la constitution, les passer seul et il n'est invité, par la constitution, à en donner connaissance au parlement que « lorsque la sûreté de l'Etat et l'intérêt public le permettent », circonstances dont il reste seul juge.

Le Président de la République peut donc mener personnellement et secrètement, s'il est d'accord avec le ministre des Affaires étrangères, une politique extérieure qui engage définitivement le pays ; il peut signer un traité d'alliance qui conduit à la guerre, sans que le parlement en ait été avisé, sans même que les autres ministres s'en soient douté ; la Nation, si l'éventualité se réalise, n'a d'autre ressource que de marcher ou de renier sa signature, car, d'après la constitution, c'est au nom de la France toute entière que le Président de la République et son ministre ont signé et la nation avec laquelle ils ont traité a le droit absolu de compter sur toute la France.

De même, au cours de la guerre, le Président de la République, saisi de propositions de paix d'un des belligérants, peut les écarter.

Enfin, le Président de la République préside le Conseil des ministres : aucun texte ne réglemente ces conseils, et nous ne savons pas si le Président de la République devrait ou ne devrait pas les présider tous.

En fait, les conseils des ministres ont lieu ordinairement trois fois par semaine : deux de ces conseils sont généralement présidés par le Président de la République et se tiennent à l'Elysée ; le troisième, appelé conseil de cabinet, se tient chez le président du Conseil.

L'absence complète de réglementation pour le Conseil des ministres peut même permettre à un président du Conseil d'espacer ces réunions et de faire du Conseil des ministres à l'Elysée l'exception.

Tous les conseils de ministres devraient être tenus obligatoirement à l'Elysée, sous la présidence du Président de la République ; tous devraient ainsi bénéficier de son autorité et de son expérience. Et si l'on estime que des archives de ces conseils doivent être tenues, c'est à l'Elysée qu'elles doivent être tenues et classées.

Ne nous laissons donc pas persuader par les gazettes que notre Président de la République n'est qu'un personnage de représentation et le prisonnier de l'Elysée. La constitution de 1875 lui réserve des pouvoirs très étendus, supérieurs à ceux des rois de plusieurs grandes puissances.

Il peut, aux termes de la constitution, examiner et discuter le choix des chefs des services civils et militaires.

Il peut exercer un contrôle direct et efficace sur

l'organisation supérieure de l'armée et ses plans de campagne.

Il peut demander que la frontière du nord soit protégée ou permettre qu'elle soit dégarnie.

Il peut négocier des traités, ceux de guerre, comme ceux de paix.

Il peut s'entretenir directement avec les chefs des nations étrangères.

Il peut, le15 juillet 1914, s'embarquer pour Saint-Pétersbourg ou rester à Paris.

Il prouve que, dans ses entretiens suprêmes avec le tzar, il a tout fait pour sauver la paix ; il aurait pu pousser à la guerre.

Il peut, le 31 juillet, adjurer au nom de la France l'Angleterre de déclarer qu'elle ne restera pas neutre et courir ainsi la dernière chance d'éviter la guerre; il aurait pu écrire plus tôt cette lettre fameuse.

Il peut, la veille de la victoire de la Marne, aller au front, ou partir pour Bordeaux.

Il peut au printemps de 1917 accueillir les propositions de paix de l'empereur d'Autriche ou les ajourner.

Il peut, en novembre 1917, appeler M. Briand qui a marqué qu'il était prêt à essayer de négocier la paix si elle était compatible avec l'honneur et les alliances de la France, ou M. Clemenceau qui veut à tout prix pousser la guerre jusqu'à une victoire décisive.

Il peut en novembre 1918 agir sur les conditions de l'armistice et dans les mois qui suivront sur les conditions de la paix, les faire rigoureuses ou modérées, grosses d'un siècle de guerres ou d'un siècle de paix.

Ceux qui demandent l'extension de ces pouvoirs

n'ont pas bien lu la constitution de 1875 ou regrettent celle de l'an VIII.

Les responsabilités que le Président de la République peut et doit assumer, avec la constitution de 1875, sont déjà bien assez lourdes pour un républicain.

Que faut-il de plus : est-ce Brumaire ?

Pourquoi le Président de la République doit être pris dans le parlement. — D'où le Président de la République doit-il être tiré ? Exclusivement du parlement. Puisqu'il est destiné à incarner, aux heures parfois les plus graves, la force politique, la force du nombre, comment irait-on le chercher ailleurs que parmi les élus du nombre ? Ce serait créer deux représentations de la force du nombre et les mettre immédiatement en conflit.

Par qui doit-il être choisi ? Par les élus du nombre, par ceux qui expriment la force politique.

Toute demande d'extension du suffrage aura toujours un même but : la restauration d'un pouvoir personnel pouvant au besoin lutter contre la force politique et la dominer ; ce n'est plus une république démocratique ; c'est déjà le consulat et demain l'empire.

On soutiendra peut-être que, dans un système politique, où, au-dessous de l'Assemblée nationale, une chambre professionnelle préparerait les lois et un Conseil d'État réorganisé les examinerait, les membres de la Chambre professionnelle et les conseillers d'État pourraient être adjoints à l'Assemblée nationale pour l'élection du Président de la République. On essaierait ainsi de traduire la conjonction de la force politique et de la force administrative qui doit se faire à l'Élysée.

Petit avantage, pour un inconvénient certain. Le Président de la République incarne la force du nombre, la force politique de la République française ; rien, dans son élection, ne doit atténuer ce caractère : il doit rester, de la façon la plus certaine, l'élu des élus du nombre. Ceux-ci, seuls, ont à assumer vis-à-vis de la Nation française la responsabilité d'un choix qui peut engager son destin.

CONCLUSION

En résumé :

Quatre-vingts chefs civils honnêtes, compétents, dévoués, réalisant la force administrative, ayant toute liberté de gérer industriellement leur service, maîtres de cette gestion, sous le contrôle des ministres et du parlement, par conséquent responsables devant la nation de la façon dont le service est conduit.

Quatre cents députés, faisant le budget, contrôlant les services publics et ratifiant les lois ;

Un président du Conseil sans portefeuille, véritable chef du gouvernement, pourvu des services nécessaires pour assurer son action ;

Dix ministres pris comme lui obligatoirement dans le parlement, contrôleurs généraux et souverains des services publics, assistés de sous-secrétaires d'Etat dépendant exclusivement d'eux et pris aussi dans le parlement ;

Un Président de la République pris également obligatoirement dans le parlement, point d'appui et centre de la force politique, la représentant en France et à l'étranger, présidant obligatoirement tous les conseils des ministres ;

Cent cinquante délégués des corporations intellectuelles, patronales, ouvrières de France formant une première chambre professionnelle, sans pouvoirs politiques, préparant les lois, formulant et soumettant à l'Assemblée nationale les demandes du travail français ;

Un Conseil d'Etat rattaché à la présidence du Conseil, composé pour moitié de compétences extérieures, donnant obligatoirement son avis sur tous les projets et les vœux de la Chambre professionnelle, seul conseil du gouvernement et ayant à lui fournir, sous sa responsabilité, tous les travaux dont il a besoin ;

Des conseils régionaux, sortes de conseils d'Etat provinciaux, rattachés à la Présidence du Conseil et au Conseil d'Etat, remplaçant les conseils de préfecture, investis comme le Conseil d'Etat d'attributions réglementaires, administratives et contentieuses et formant le centre autour duquel se développera la vie régionale.

Si les forces de la démocratie étaient ainsi ordonnées et équilibrées, les esprits s'apaiseraient ; les gens, voyant plus clair dans les affaires publiques, iraient avec confiance à leurs affaires privées ; nous n'aurions plus ce bouillonnement perpétuel de systèmes politiques et sociaux où chacun guette un avantage sur le voisin. Des milliers d'hommes intelligents et ardents, qui consument leur vie dans les besognes les plus frustratoires et dont l'ambition déchaînée trouble la vie de la nation, seraient rendus à l'agriculture, au commerce, à l'industrie.

Avec cette armature, la démocratie serait en ordre et se développerait librement.

République de rêve philosophique ? Non ; organisation pratique, accommodée à l'état actuel de la nation française ; république forte, alerte, marchant vers l'avenir, instrument d'ordre et de progrès pour l'Europe.

Si elle n'est pas réalisée chez nous, d'autres plus observateurs et plus hardis la feront vivre : peut-être alors nous reviendra-t-elle de l'étranger.

Jacques Bonhomme vient de prouver que la France méritait de rester une grande nation ; mais Jacques Bonhomme n'est pas seul en France ; deux autres personnages symboliques s'agitent et se montrent aux étrangers plus souvent que lui.

Un humoriste a prétendu que sur mille Français on compte neuf cent soixante Jacques Bonhomme, trente Joseph Prudhomme et dix Robert Macaire.

Jacques Bonhomme, c'est bien la France.

Il ne se croit pas le plus grand citoyen du monde ; il ne voit que trop ses misères et ses sottises ; nul ne s'en gausse plus volontiers que lui ; il hausse les épaules quand ses courtisans lui disent qu'il est la figure d'un peuple-roi ; il sait qu'il n'a pas eu plus de grands hommes que les autres ; qu'il a appris l'humanité chez les Grecs et les Romains ; que le plus grand dramaturge de la terre fut un Anglais, le plus grand peintre un Hollandais, le plus grand sculpteur un Italien et que toute l'âme des hommes chante dans les symphonies d'un Allemand.

Mais il sait aussi qu'il a fait la France, telle qu'elle est, courageuse et tendre, chimérique et gouailleuse, honnête et rusée, sceptique et naïve. Telle qu'elle est, elle est son œuvre et sa maîtresse; il l'aime et se fait tuer pour elle.

De temps à autre, Jacques Bonhomme réussit, arrive aux grandes places et devient un personnage : heureux moments pour la France.

Le plus souvent, il est agriculteur, ouvrier, boutiquier, officier sans avenir, instituteur ou professeur de lycée, prêtre de campagne, petit ingénieur, artiste inconnu, fonctionnaire subalterne, magistrat de province.

Il habite des logements inconfortables et sans élégance, n'a qu'un souci mitigé de l'hygiène, mange bien, boit sec, tient des propos égrillards, n'a pas de tenue et moins encore d'allure. Il peine et sue, toujours au travail, rarement à l'honneur et s'en console par un bon mot.

Quand la guerre éclate, Jacques Bonhomme donne ce qu'il a, ses fils, ses gendres, renfonce son chagrin, et travaille deux fois plus.

S'il surmonte la tempête, s'enrichit et s'élève à travers la guerre, ses voisins le traitent sans ménagement; nul ne le plaint s'il meurt de chagrin avant le jour de la victoire.

Ce jour-là, chamarré d'honneurs, Joseph Prud'homme est très près des tribunes officielles. Il croit résolument que la France a été faite pour lui et qu'il l'honore en l'exploitant.

Jacques Bonhomme n'aime pas Joseph Prud'homme ; mais, en maugréant, il le laisse faire ; car l'autre a précisément ce qui manque à Jacques, l'aplomb et la faconde.

Joseph Prud'homme a peu d'esprit. Hardi et cynique, Robert Macaire n'en manque pas. S'il échappe à la prison, pour conquérir la puissance,

Joseph le courtise ; si Robert demeure dans les bas-fonds, Joseph l'emploie : car Joseph a remarqué que les coquins rendent de précieux services et paient cher l'ombre propice des honnêtetés patentées.

Mais à quoi bon décrire Joseph Prud'homme et Robert Macaire : trop de gens croiraient qu'on veut faire leur portrait.

Joseph et Robert forment une association redoutable. À force de travail, d'honnêteté, de courage et de sang, Jacques Bonhomme a dû souvent réparer les gredineries de l'un et les gaffes de l'autre.

*
* *

Pauvre Jacques, ne te laisse donc pas si facilement mener par les deux compères : sois sans pitié pour l'un et sans respect pour l'autre ; ils t'exploitent à l'intérieur et te déshonorent à l'étranger.

Laisse aussi les magiciens ou les mages qui, dans un style magnifique, te proposent tantôt de décrocher, tantôt de raccrocher les étoiles. Tu n'as pas la charge de meubler, à toi seul, le ciel des hommes, ni de leur tenir perpétuellement le flambeau.

Tout ce qui est sûr est enfermé dans les soixante ans qui font ta vie moyenne, et celle de tes enfants : au delà, c'est l'hypothèse.

Dans ces soixante ans, ta part est bonne ; tu habites la meilleure partie de la terre et ta cervelle est assez saine pour aller jusqu'où les hommes peuvent atteindre, voir et connaître.

Remets à leur place Joseph Prud'homme et Robert Macaire ; ne t'impatiente pas trop contre les orateurs magnifiques parce qu'ils parlent éperdument pendant que tu luttes, souffres et agis : c'est peut-être seulement par leurs formules que tes luttes, tes souffrances et tes actes seront inscrits dans l'Histoire ; mais ne t'attarde pas à leurs discours ; retourne à ta vieille nourrice, celle qui avec le pain de France et le vin de France a fait tes muscles, ton sang et ton cerveau : elle est toujours à toi, à toi seul, puisque tes fils ont sû mourir et vaincre pour elle.

*
* *

On jette à brassées les lauriers sur vos tombes, ô nos fils chéris, pour étouffer le murmure qui sort de la terre de France. Mais qui de nous, la nuit, ne vous entend pas gémir sous les lauriers. Votre plainte grandit, elle emplit l'espace ; elle couvre les voix des champs et le bruit des villes.

Vous n'êtes pas morts seulement de l'agression de l'Allemagne : vous êtes morts aussi de nos erreurs. Nous n'apaiserons pas, par des glorifications, vos mânes irritées : notre tragique devoir est de compter ceux dont les yeux boiraient encore la douce lumière du jour, si nos fautes ne les avaient pas condamnés.

Lorsque nos remords dresseront un monument aux morts inutiles de la guerre, il sera plus haut que l'Arc-de-Triomphe, sous lequel les survivants ont passé.

Vous, dont la vie commençante, chef-d'œuvre de toute notre vie, rayonnait de promesses magnifiques, vous n'avez été qu'un pauvre matériel humain entre les doigts de joueurs.

Tous ces bonheurs individuels, qu'un long effort avait conquis sur les forces hostiles, ont été broyés dans la lutte de quelques volontés.

Quelques hommes ont envoyé des millions d'hommes au martyre.

Si, au mois de juillet 1914, on avait tiré au sort trois paysans, dans chacun des pays qui allaient entrer en guerre, réuni ces paysans, dans une salle, avec des truchements honnêtes, exposé à ce jury, clairement, avec bonne foi, les difficultés pour lesquelles le massacre général allait être décrété et les conséquences probables de la guerre, tout, avant la fin de la semaine, se serait terminé par des transactions et un banquet.

Mais quelques hommes se réclamant les uns du droit divin ou de l'hérédité, les autres du suffrage populaire, assistés de fonctionnaires plus ou moins mal préparés, plus ou moins bien vêtus, ont joué et perdu le sort des peuples.

Cette bourgeoisie, dont la vie, avant 1914, était si douce et les intérêts généraux partout les mêmes, qui se connaissait par-dessus les frontières, qui, par les religions, les gouvernements, la presse, les parlements, les administrations, les puissances financières, la grande industrie, les lettres, les arts et jusque par ses plaisirs, tenait tous les fils, n'a pas su maîtriser la guerre.

Trois ou quatre douzaines d'Européens ont suffi à détruire l'Europe : voilà notre civilisation.

Responsabilités de la guerre envers l'Allemagne, nous n'en avons aucune d'aucune sorte : depuis 1905, des volontés allemandes vigoureuses, tenaces, cherchaient délibérément la guerre à travers les velléités de paix qui subsistaient en Allemagne.

En déclarant la guerre à la Russie le 1er août, en envahissant la France et le Luxembourg le 2 août, en déclarant la guerre à la France le 3 août, en déclarant la guerre à la Belgique et en l'envahissant le 4 août, le gouvernement allemand exécuta froidement, à l'heure qu'il jugeait propice, un plan arrêté dans ses moindres détails.

L'Allemagne a défié Dieu et les hommes.

Responsabilités de la guerre envers les Allemands et les autres peuples, nous n'en avons aucune d'aucune sorte ; envers les Français, c'est une autre affaire.

En 1875, nous sommes partis à peu près du même point que les Allemands : population et territoire à peu près équivalents ; notre richesse en sol cultivable, en chutes d'eau et en côtes pouvant, dans une assez large mesure, compenser leurs mines et leurs larges fleuves.

Si la France avait été sagement conduite depuis 1875, elle aurait eu, en 1914, cinquante millions d'habitants et une puissante industrie : plus de vie chez nous eut étouffé la volonté de mort chez nos ennemis.

Même avec quarante millions d'habitants, si la France, depuis 1914, avait été fortement administrée et sagement conduite, elle serait depuis longtemps en pleine paix triomphante et elle eut sauvé l'Europe du désordre et de l'anarchie.

Nous avons payé de centaines de milliers de morts inutiles, de plus de cent milliards de dettes inutiles des fautes politiques, militaires, diplomatiques, administratives qui ont crevé les yeux des contemporains.

Défauts de la race et de ses mœurs ? Non : puisque

nous venons de prouver nos vertus dans la guerre ; fautes lourdes commises par notre génération, dans l'organisation de la démocratie.

Du calvaire de Verdun, d'où la France a rayonné sur la terre et d'où elle pouvait donner un nouvel Evangile aux peuples, des élus nous ont fait redescendre dans les marécages de Versailles.

Tout reprend comme par le passé : Jacques Bonhomme attend tout encore de la politique, des urnes électorales et des discours, l'organisation de la paix, comme il a attendu l'organisation de la guerre.

La politique donnera le contrôle qui nous a probablement sauvés pendant la guerre et qui peut encore nous sauver : elle ne donnera jamais l'action ordonnée et persévérante nécessaire à la grandeur et au progrès de la nation ; elle ne fera jamais de nous une puissance pour la paix.

Il ne suffit pas de n'avoir pas voulu la guerre : il faut avoir voulu la paix.

Il faut avoir voulu la paix et la vie, d'une volonté assez généreuse et assez forte pour dominer la volonté de ceux qui veulent la guerre et la mort.

Si l'Europe avait consacré au progrès de l'humanité la dixième partie des forces qu'elle vient d'employer au massacre et à la destruction, nous serions très près du bonheur humain tel que notre destinée nous permet actuellement de le concevoir.

Allons-nous recommencer les mêmes fautes : après avoir tué les aînés, tueront-elles les cadets ?

Novembre 1920.

TABLE DES MATIÈRES

E. GREVIN — IMPRIMERIE DE LAGNY

9 782329 034676